마음 훔치기

마음 훔치기

최관하 지음

초판 1쇄 2007년 8월 1일
초판 2쇄 2008년 4월 8일

발행처   SFC 출판부
총 판   하늘유통(031-947-7777)
인 쇄   (주)일립인쇄

137-040 서울특별시 서초구 반포4동 58-5 2층
TEL (02)596-8493   FAX (02)596-5437

ISBN 978-89-89002-91-8 03230

값 8,000원

독자의 의견을 기다립니다.
www.sfcbooks.com

▫잘못 만들어진 책은 언제든지 교환해 드립니다.

울보선생, 기도로 사람을 얻다

마음 훔치기

최관하 지음

SFC

차례

여는 이야기　7

꼭지 하나　학업

01_ 대학 가는 아이들 | 13
02_ 고3이라 새벽기도 가요 | 23
03_ 선생님, 저 대학 합격했어요 | 31
04_ 찍은 것이 다 맞았어요 | 35
05_ 하나님보다 공부가 우선이잖아요, 네? | 41
06_ 국어시간의 성경 이야기 | 49
07_ 선생님, 꼭지가 돌아요 | 53
08_ 수시원서 마감 10분 전 | 58
09_ 기도하며 공부한 전교 1등 | 65
10_ 하나님 안 믿는데 기도해도 되나요? | 74
11_ 팔 떨어져 죽는 줄 알았어요 | 80

꼭지 둘 관계

01_ 학급 도난 사건 | 91
02_ 감사 이유 스무 가지 | 97
03_ 편지 고백 | 103
04_ 은혜롭게 망가진 선생님 | 109
05_ 교문을 열고 싶어요 1 | 115
06_ 교문을 열고 싶어요 2 | 130
07_ 이성교제는 안 돼요 | 143
08_ 명품인생을 위하여 | 155
09_ 위제트 샘을 사랑하는 39가지 이유 | 163
10_ 저 '왕따' 예요 | 172
11_ 제 발로 찾아오는 아이들 | 181
12_ 척추가 휘었어요 | 188

꼭지 셋 신앙

01_ 학교를 위해 기도하고 있어요 | 195
02_ 앗싸~ 하나님, 캄싸합니다 | 206
03_ 저도 하나 주셔요 | 213
04_ 한 달 용돈을 드리겠어요 | 221
05_ 하나님! 알아서 하시는 거죠? | 231
06_ 최고의 추석 선물 | 243
07_ 고난주간 40명의 영접기도 | 249
08_ 눈물어린 제자의 기도 | 257
09_ 1700명의 이름을 부르며 | 262

닫는 이야기 | 272

여는 이야기

아이들의 마음을 훔치며

열 번째의 책 '마음 훔치기'를 출간합니다.

문득 머릿속이 바다가 된 듯 여러 생각의 편린片鱗이 둥둥 떠다닙니다. 청소년들과 함께 한 이십 년 가까운 세월, 그 동안 열 권의 책을 출간한 것이라면, 그리 적지 않은 이야기들을 세상에 쏟아놓았다고 할 수 있을 것입니다. 하지만 매번 아쉬움이 제 가슴에 엄습하는 까닭은 시간이 가면 갈수록 해야 할 말과 또 못 다 전한 말씀들이 아직 많다고 느껴지기 때문입니다.

세상은 열려 있다고 하지만 우리 아이들의 가슴은 닫혀 있습니다. 아니 세상이 개방화 될수록 우리 아이들의 마음은 더 닫혀가는 것 같습니다. 역설적이게도, 열린 세상이 우리 아이들의 마음을 더 닫히게

했다고 해야 옳을 것도 같습니다.

버튼 하나만 누르면 "짜~잔!" 하고 아이들 마음의 문이 활짝 열릴 수 있는 방법이 없나 고민하였습니다. 그러나 세상의 여러 소리에 파묻혀 우리 아이들의 목소리는 들리지 않고, 숨소리마저 사장死藏되어 가는 것을 보며 애통해 한 적도 있습니다.

눈물로 기도하며 우리 아이들의 마음을 만나게 해달라고 기도했지만 쉬운 일은 아니었습니다. 그 안타깝고 힘든 과정의 이야기들을 이 책에 소개했습니다. 그러나 원망과 한탄으로 그쳐지는 소모적인 이야기나, 청소년들에게는 희망이 없다고 좌절하는 글이 아니라, 있는 대로 닫아걸고 빗장까지 꽉 채운 아이들의 마음을 조금이나마 엿보고 공감하며 함께 감동할수 있다는 생각으로 묶었습니다.

힘껏 끌어안을 수 있으리라 봅니다

우리 아이들은 때로 담배를 피우고 술을 마시고 가출을 하여도, 개똥철학을 늘어놓으며 밤을 새운다 하여도, 나름대로 이유가 있고 그 마음속에 참 많은 생각들을 가지고 있습니다. 저와 같은 어른들은 아이들에게 나타나는 현상보다 그들의 마음을 먼저 읽을 때 친구 같은 관계가 형성됩니다. 저는 친구 같은 교사, 아빠 같은 교사로 시냇가에 심은 나무가 되어 아이들과 끝까지 함께하고 싶습니다.

이제 닫혀 있는 아이들의 마음을 훔치려 적극성을 띠어 봅니다. 깊숙이 밑바닥에 가둬놓은 생각들을, 혼자 울며불며 고민하고 애태우며 삭히고 있는 우리 아이들의 마음을 훔치려 합니다. 밖에서 훔쳐내는 것이 아니라 안으로 들어가 그 안에서 같이 뒹굴고 울고 고민하며 손을 잡고 나오려 합니다. 영적으로 육적으로 폭발 일보 직전인 삶을 사는 우리 아이들의 마음에 평강과 위로 그리고 격려를 부어주는 교사로 있고 싶습니다.

이 책의 첫 꼭지에서는 '학업'을 주제로 하였습니다. 기도하며 공부하는 학생들의 실례를 통하여 하나님께서 어떻게 이 아이들을 축복하시는지 실제적인 이야기를 소개하고 있습니다. 또한 신앙과 공부 사이에서 고민하는 이 땅의 청소년들이 어떻게 나아가야 하는지를 제시하고 있습니다.

둘째 꼭지에서는 '관계'를 주제로 삼았습니다. 세상의 승리는 관계로 인하여 이루어진다고 볼 수도 있을 정도로 관계 형성은 매우 중요합니다.

하나님과 나와의 관계, 나와 사람과의 관계, 그리고 나와 나 자신과의 관계는 어떻게 해야 하는지, 역시 실제적인 이야기를 통해 소개하고 있습니다.

셋째 꼭지에서는 '신앙'을 주제로 하고 있습니다. 기도하는 학생들을 하나님께서 어떻게 사용하시고 또 어떻게 인도하시는지, 이들을 통해서 교육현장이 하나님의 산지로 어떻게 바뀌어 가는지 보게 될 것입니다.

우리 아이들의 마음은 무궁무진한 보물이 있는 보고寶庫입니다. 다만 지금까지 그것을 꼭꼭 걸어 잠그고 공개하지 않았을 뿐입니다. 이러한 아이들의 마음을 훔치는 일은 도둑질이 아닙니다. 더 이해하고자 하는 땀방울의 노력이며, 아이들의 마음에 침잠하는 일이고 사귀는 일입니다.

기도로써 준비하며 '마음 훔치기' 출간을 위해 열정을 다하신 SFC에 깊은 감사를 드립니다. 또한 사랑하는 아내 오은영과 두 딸 다솜, 다빈과 이 기쁨을 나누고 싶습니다. 저처럼 아이들의 마음을 훔치고자 눈물로 노력하시는 이 땅의 교사들과 학부모, 사랑하는 학생, 청소년들과도 이 책을 통하여 은혜를 나누고 싶습니다.

무엇보다도 항상 인도하시고 때에 따라 힘을 주시며 포기하지 않도록 축복하시는 에벤에셀의 하나님께 감사와 영광을 올려 드립니다.

최관하

* 글의 내용에 따라 가명을 사용한 것이 있음을 밝혀 둡니다.

꼭지 셋

학업

대학 가는 아이들
고3이라 새벽기도 가요
선생님, 저 대학 합격했어요
찍은 것이 다 맞았어요
하나님보다 공부가 우선이잖아요, 네?
국어시간의 성경 이야기
선생님, 꼭지가 돌아요
수시원서 마감 10분 전
기도하며 공부한 전교 1등
하나님 안 믿는데 기도해도 되나요?
팔 떨어져 죽는 줄 알았어요

대학 가는 아이들

입시와 고3기도회

입시일을 한 달가량 남겨 놓은 때는 고3을 포함한 입시생들이 저마다 막바지 준비에 여념이 없을 시기이다.

영훈고는 기독교학교가 아님에도 불구하고 일반 학생들을 대상으로 하는 고3기도회를 하나님께서 허락하셔서 지금까지 매주 진행할 수 있었다. 아이들은 고3기도회를 하며 서로를 격려하고 하나님이 주시는 평안과 힘을 얻었고, 또 기도하며 공부한 아이들의 입시 성적도 매우 좋았다.

영훈고는 분명 하나님의 복을 받은 학교다. 기독교학교가 아니기에 더욱 하나님의 사랑이 눈물겨운 공간이다. 그래서 일까? 좋은 선생님들과 착한 학생들, 특히 기도하는 교사들과 학생들이 갈수록 늘어나고 있다.

기도는 곧 축복이며 사랑의 표현이다. 그리고 하나님께서는 기도하는 자는 결코 망하지 않는다고 말씀하셨다. 학교에서 성경공부를 하고 예배드리며 또 고3기도회를 통하여 졸업해 나가는 아이들…. 하나님의 인도하심이 눈물겹다. 이 꼭지에서는 하나님께 매달리며 앞길을 인도하시길 소망하며 기도했던 아이들을 소개한다. 하나님의 인도하심이 생생하게 느껴지리라 믿는다.

중간 아이들이 빠져나갔어요

문석이는 근육위축증을 앓는, 고3을 넘기지 못한다는 사형 선고를 받은 아이였다. 나는 문석이를 붙잡고 기도하며 3년을 함께 했다. 하나님의 은혜로 문석이의 병은 더 이상 진행되지 않았고, 지금도 건강히 잘 지내고 있다.

문석이는 수능 점수가 잘 나오지 않았다. 사실 대학 진학이 불가능했다. 아픈 몸 때문에 공부 자체가 힘들었다.

"문석아! 원하는 대학 어디든지 원서 사 가지고 오렴."

나는 그렇게 말했었다. 어차피 그 점수로 갈 곳은 아무 데도 없으니 말이다. 그리고 문석이는 상계동에 있는 한 신학대학에 원서를 냈다.

결과는 당연히 떨어졌다. 그럴 수밖에 없었다. 처음부터 합격하기 어려운 점수였다. 그래도 예비후보로 15순위였다. 불합격을 통보 받고 교회에 온 문석이는 나에게 따졌다.

"아니, 선생님! 기도하면서 대학 준비하면 붙는다면서요? 근데 왜 떨어진거예요?"

항의조로 말하는 그 아이를 붙들어 앉히고 기도 응답의 여러 가지를 얘기했다.

"문석아, 기도하면서 준비했다니 하나님이 얼마나 기뻐하실까 상상이 된다. 그런데 기도 응답에는 여러 종류가 있거든. 네 생각과 하나님 생각이 일치하는 경우 즉각적인 응답이지. 그리고 네 생각과 하나님 생각이 다를 경우에는 딴 길로 인도하실 거고, 그리고 올해가 아니고 다음에 가라는 응답 같은 것 말야. 어쨌든 네가 기도하며 준비했다니 하나님께서 끝까지 인도해주시리라 믿는다."

문석이를 위로하고 격려한 후 기도했다. 문석이는 다소 마음을 진정하고 집으로 돌아갔다.

그리고 이틀 후 문석이는 흥분한 목소리로 나에게 전화를 했다.

"선생님, 선생님. 저 합격했어요! 그 신학대학에요. 저를 가로막던 15명이 이틀만에 쫙 빠져나갔어요."

다 떨어진 후 서울대 갔어요

희수는 목사님 아들이며 기타를 잘 친다. 아주 듬직하게 생겼는데 성격은 섬세하고 여리며 꼼꼼하기까지 하다.

2학년 때 서울의 한 고등학교를 다니다가 적응하지 못하고 영훈고로 전학을 왔다. 그리고 기독교반에 들어왔다. 희수는 기독교반 활동에서 매우 큰 힘을 얻고 있었다. 부모님이 찾아와 희수의 좋게 변한 모습을 확인하고 나와 상담까지 하고 가셨으니 말이다.

전학 올 당시 희수의 성적은 중상이었다. 그런데 2학년 말부터 갑자기 성적이 솟구치기 시작했다. 모의고사 성적이 전교 5등 이내로 들어서더니, 3학년에 가서는 학급 회장에 성적도 전교 3위 이내로 들어섰다.

일주일에 한 번의 성경공부도 열심히 하고 기도도 열심히 했다. 천문학을 전공하겠다는 희수를 보며 참으로 늠름하게 커간다고 생각하며, 하나님께 감사했다.

수능 성적을 받고 원서를 접수했다. 연세대와 홍익대 그리고 서울대를 지원했다. 욕심을 내서 서울대를 넣긴 했지만 크게 바라지는 않았다. 다만 하나님께서 희수에게 허락하신 그 비전이 아름답게 이루어지길 소망하며 그저 기도로 도울 뿐이었다. 희수는 평안을 누리고 있었다.

그런데 기대했던 연세대에 불합격, 이어서 홍익대도 불합격.

전교 3등 이내, 그리고 1등을 한 적도 있는 희수가 홍익대까지 떨어지다니, 참 의외였다. 그럼에도 희수는 담담하게 말했다.

"하나님께서 끝까지 인도해 주실 거예요. 기도하고 있으니까요."

이 고백은 현실로 드러났다. 다른 대학이 아닌 바로 서울대에 합격한 것이다. 연세대와 홍익대에 떨어진 아이가 서울대에 합격한 것은 전적으로 하나님의 은혜였다. 희수를 서울대에 보내기 위해 한 자리를 만들어 놓으신 하나님.

희수는 이렇게 말했다.

"그냥 기도하다가 공부하고 또 공부하다가 기도하고 그랬어요. 불안한 마음이요? 그런 것은 처음부터 없었구요."

대학에 과가 만들어졌어요

한나는 기도하며 영훈고에 들어온 아이인데 일찌감치 선교사를 비전으로 받은 아이다.

한나의 가정 또한 독실한 기독교 가정이다. 한나는 내가 지방 집회가 있을 때에 이미 고1때부터 동행했다. 나는 집회 중에 성령께서 마음을 주시면 한나를 단 위에 세우기도 했다. 그때마다 하나님께서는 놀랍게 은혜를 부어주셨다.

한나는 정말로 열심히 기도하고 하나님의 인도하심을 구하며 공부했다. 그런데 정말 희한하게도 한나의 성적은 오르지 않았다. 아니 거의 바닥을 헤맨다고 하는 편이 나을지도 모르겠다. 총명하고 똑똑하며 믿음이 강한 한나에게 하나님께서는 성적의 향상은 허락하지 않으셨다.

"선생님, 저는 성적이 진짜 안 올라가요. 왜 그런지 모르겠어요."

"그래, 한나야. 그래도 기도하면서 공부하니까 하나님의 인도하심이 분명히 있을 거야. 실망하거나 좌절하지 말고 우리 끝까지 인내하며 기도하자, 응?"

신학대학을 가고자 했으나 마땅치가 않았다. 선교사가 되기 위한 길을 열어달라고 기도할 뿐이었다. 그런데 전주대학교에 경배와 찬양학과가 새로 신설되었다. 그 소식을 접한 한나는 외쳤다.

"선생님, 하나님이 저 여기 가래요."

"그래, 그럼 기도해 보자. 그리고 다른 데도 좀 알아보고…."

"아뇨, 선생님. 저 여기예요. 그냥 가면 돼요."

한나는 전주대 경배와 찬양학과에 합격했다. 거의 바닥의 성적으로 대학에 들어간 아이. 하나님께서는 한나를 대학에 보내기 위해서 그리고 한나를 통한 하나님의 비전을 이루기 위해서 대학에 한 과를 신설해주셨다.

한나 어머니가 전주대의 학부모 초청 예배 때 간증을 했다.

"우리 한나 성적이 어땠는지 아세요? 여러분! 그런데 하나님께서 역사하셔서 여기까지 오게 하셨답니다. 이것만 봐도 하나님께서는 살아계신다는 겁니다."

그 자리에 모인 많은 분들은 박장대소를 했다.

중국 선교할 거예요

미리가 2학년을 마칠 무렵 이렇게 말했다.

"선생님, 2학년이 다 끝나가네요. 학급기도회가 있어서 참 좋았는데, 이제 어떻게 기도하죠? 고3 올라가면 모이기도 힘들텐데요."

미리의 이 말이 하나님의 음성으로 들렸다.

"얘야~ 고3기도회를 시작하려무나."

그래서 고3기도회는 미리의 말 한 마디에 의해 시작되었다. 2001

년 5월에 30여 명이 모이던 첫 기도회가 지금은 매주 120여 명씩 모이고 있으니 얼마나 감사한 일인가. 아이들은 이 기도회를 통해서 예수님을 만나기도 하고 교회에 나가기도 했다. 미리는 학급 회장을 할 만큼 리더십이 있었고 공부도 무척 잘하는 아이였다. 열심히 기도하며 공부했던 미리는 지원한 대학교에서 계속 낙방했다. 어느 누구도 예상치 못한 결과였다. 특히 신우회 선생님이신 담임선생님도 의아해하며 말씀하셨다.

"이게 웬 일인지 모르겠어요. 미리가 이렇게 다 떨어지다니요."

그러나 미리는 그야말로 평안 그 자체였다. 오히려 선생님을 위로했다.

"선생님, 걱정하지 마세요. 하나님의 뜻이 있겠지요. 그런데 전 재수는 안 할거니까 기도로 도와주세요."

결국 미리는 서울의 한 여대에 입학을 했다. 몇 년 전까지 전문대였던 학교. 우리는 다소 섭섭했지만 미리는 오히려 밝은 웃음으로 우리를 대했다.

일 년이 흐른 봄날, 나를 찾아온 미리에게 학교생활이 어떠냐고 물었더니 미리는 이렇게 대답했다.

"선생님, 하나님의 뜻을 알았어요. 왜 저를 그 학교로 보내셨는지요."

"오, 그래. 미리야! 무슨 뜻이지?"

"중국선교하라는 거예요. 저 중국어과 들어갔거든요. 그리고 중국도 벌써 몇 번 다녀왔어요. 지금 선교단체도 너무 좋구요."

하나님께서 미리에게 허락하신 비전은 중국선교였다. 기도하고 인내하며 주님의 뜻을 끝까지 구하며 기도했던 미리의 모습과 당당한 목소리에 깊은 감동이 일었다.

요리사 자격증을 땄어요

경희는 한나와 함께 전주대 경배와 찬양학과에 합격을 하고도 등록을 하지 못했다. 나는 그 사실을 전주대 등록 마감 이틀 후에 알게 되었다.

"경희야, 왜 그러니? 응? 집안이 아직도 불안한 거니?"

"네. 아빠가 아직 집에 안 들어오세요. 엄마도 계속 일하시구요."

가정의 문제로 인하여 등록금을 준비하지 못한 경희.

"이 녀석아! 그럼 선생님한테 미리 얘기하지 그랬어. 어떤 방법으로든지 해결할 수는 있지 않았겠니?"

경희는 빙그레 웃으며 말했다.

"아녜요, 선생님. 일단 대학보다는 돈을 벌어야 할 것 같아요. 저 정말 괜찮아요, 선생님."

그리고 경희는 시내의 한 전문학교에 입학 했다. 등록금이 전혀 없는, 실습비만 있는 학교다. 그곳에서 경희는 요리사 자격증 취득을 목표로 공부에 전념하였다.

여름이 지나갈 무렵 경희가 학교를 방문했다.

"선생님 그냥 기도 한 번 하고 싶어서 왔어요."

경희의 얼굴은 환하게 피어 있었다. 생각보다 잘 적응하고 있는 것 같았다. 6개월 만에 만난 아이. 하나님께서는 경희를 대학으로는 인도하지 않으셨지만 또 다른 체험을 주고 계셨다.

"선생님, 저 한식요리사 자격증은 땄구요, 곧 일식요리사 자격증 따거든요. 기도 좀 해주세요."

"그럼, 당연하지. 경희야, 얼굴이 무척 밝아서 선생님도 정말 기뻐. 하나님께도 감사하고 말이야."

"네, 선생님. 저 일단 자격증 몇 개 따구요, 전공을 살려서 다시 대학에 도전하려구요. 그게 하나님 뜻인 것 같아요. 선교는 어떤 직업이든지 할 수 있는 거잖아요? 그리고 아빠도 이제 원망스럽지 않아요."

그리고 경희는 아르바이트로 번 돈이라며 그 수입의 십일조 금액을 기독교반 후배들을 위해서 내놓았다. 액수와 관계없이 참으로 감사한 마음에 콧등이 찡했다.

대학에 합격하고도 대학생이 되지 못한 경희지만 언제나 함께 하시는 하나님을 찬양하며 함께 기도를 드렸다.

인도하시는 하나님

우리 아이들을 인도하시는 하나님을 묵상하고 찬양하며 기도한다. 감사하신 하나님.

이 다섯 아이들의 공통점이 하나 있다. 그것은 어떤 상황이든지 끝까지 기도하며 최선을 다했다는 것이다. 기도하는 자를 하나님께서는 끝까지 책임지시고 인도하신다는 사실을 또 한 번 실감한다. 하나님께서 어떤 길로 이 아이들을 또 인도해 가실지 모르지만, 인도하시는 분이 다름 아닌 하나님이시기에 든든하다.

"내가 너의 갈 길을 가르쳐 보이고 너를 주목하여 훈계하리로다." (시편 32:8)

고3이라 새벽기도 가요

공부보다 기도를

샤론이는 영훈고 3학년 부학생회장이다. 2학년 때 교회 회장, 학급 회장, 기독교반 회장을 하는 가운데 학교 부학생회장에 당선되었다. 특별하고 유별난 선거 운동보다는, 하루의 조용한 유세와 하나님의 인도하심으로 기도하는 시간을 많이 가졌던 것으로 기억한다. 전적으로 학생회 임원이 되는 것도 하나님께서 필요하시면 허락하실 것이라는 믿음의 발로였다.

샤론이는 공부를 잘하는 아이였다. 그러나 더 열심히 하는 것은 기도였다. 초등학교 3학년 때부터 새벽기도에 길들여진 아이, 여느 아이들처럼 잠시 혼란을 겪다가도 바로 회개하며 무릎 꿇을 줄 아는 아이, 그런 아이가 샤론이다.

샤론이도 다른 아이들처럼 3학년이 되면서 많이 힘들어 했다. 우리

나라의 고3들만이 갖는 그 미묘한 심리, 고등학교 시절이 이십여 년 지난 나도 아직 잊혀지지 않는 고3만의 부담감을 샤론이도 갖고 있었다. 샤론이는 살이 빠지면서도 40일을 작정하며 새벽기도에 열을 올리고, 학교에 와서 아침기도회에 참석하며 매일 부르짖고 있었다.

허락을 안 해주세요

샤론이는 1학기 수시로 대학에 원서를 넣겠다고 하며 나를 찾아왔다. 1, 2학년 때 성적이 매우 좋고 또 학교의 여러 임원들을 지냈기에 해 볼만 했다. 이화여대에 원서를 넣고 안전하게 경희대와 인하대에도 넣었다.

"선생님, 몇 군데 원서를 넣었는데, 사실은 연세대를 가고 싶어요. 그런데 담임선생님께서 허락을 안 해주세요."

"아니, 왜?"

"연세대는 제 성적이나 여러 가지로 봐서 힘들 거라고 하세요. 부모님도 좀 부정적이시구요."

나는 샤론이를 똑바로 보며 말했다.

"그래, 샤론아! 선생님이나 부모님은 그렇고… 하나님께서는 뭐라고 하시든?"

샤론이는 입을 다물고 나를 응시했다. 나는 천천히 그리고 조용히 샤론이에게 말했다.

"샤론아, 처음부터 안 될 거라고 포기하지는 말자. 하나님께서 어떤 계획인지 모르니까 말야. 그리고 널 기도하며 여기까지 오게 하신 분이니 사람 생각과는 다를 수도 있을거야. 다만 네가 확실히 하나님의 음성을 들었으면 좋겠다. 아직 시간이 좀 있으니까 더 기도하고 담임선생님께도 다시 한 번 말씀 드려보렴."

나는 샤론이에게 격려하고 기도했다.

추천서 써 주세요

이틀 후 샤론이는 다시 나를 찾아왔다.

"선생님, 담임선생님이 왜 그러시는지 모르겠어요. 어차피 안 될 거 넣어서 뭐하냐구요. 저보다도 더 성적이 좋은 애도 붙기가 어렵다고 하세요. 다른 반 선생님은 되든 안 되든 일단 써 주시는데요. 정말 이상해요."

"그래, 샤론아, 네 생각에는 어떡하면 좋겠니?"

"선생님, 선생님이 추천서를 써 주시면 안 되나요?"

나는 잠시 고민했다. 원래 추천서는 학생을 가장 잘 아는 사람이 쓰는 것이기에, 누구보다도 담임선생님이 쓰는 것이 가장 좋기 때문이었다.

"샤론아, 가장 좋은 분은 역시 담임선생님일 텐데 내가 써도 괜찮을까?"

샤론이는 또렷하게 말했다.

"그럼요, 선생님. 추천서는 꼭 담임선생님이 아니어도 괜찮다고 했거든요. 선생님이 써 주시면 더 좋을 거 같아요."

나는 마음에 결심을 했다.

"그래, 샤론아, 한번 해보자. 하나님의 뜻이 있을 거라고 믿어. 모두들 안 된다고 하지만 역전의 하나님이 허락하실 수도 있으니 우리 기도하며 해보자."

모두 합격을

샤론이는 연세대에 원서를 넣었다. 그리고 1차에 합격했다. 연세대뿐만 아니라 이화여대, 인하대, 경희대도 모두 1차 합격을 했다. 특히 연세대에는 수십 명이 지원 했지만 영훈고에서 연세대 서울 캠퍼스에 합격한 아이는 샤론이밖에 없었다. 샤론이의 담임선생님은 자신이 반대한 사실을 잊은 듯이 기뻐하셨고, 각 학급에서 수업을 하시는 중에 샤론이의 연세대 1차 합격을 자랑하고 있었다.

샤론이는 더욱 기도에 열을 올리며, 방학 중에도 교회에 나가 새벽기도에 더욱 힘썼다.

"샤론아! 새벽기도는 백 퍼센트 응답이란다. 네 열정이 정말 대단하구나. 그러나 조금이라도 네 명예와 자랑의 마음이 생기지 않도록 겸손하게 기도하렴. 알지?"

"네. 선생님."

이화여대 2차 시험, 면접을 마치고 돌아온 후 샤론이는 말했다.

"선생님, 정말 연세대에 가고 싶어요."

연세대 면접을 가기 전, 학교에 들른 샤론이에게 말했다.

"샤론아, 네 이름 말야, 면접할 때 네 이름을 말하고 그 이름을 설명하면서 면접에 응하면 좋을 것 같아. 연세대가 기독교학교인 것도 있고 네 이름이 독특하잖니? 하나님을 믿는다는 고백도 되니까. 어때?"

샤론이는 눈을 크게 뜨며 말했다.

"선생님, 안 그래도 여기 오면서 그래야겠다고 생각했어요. 선생님 생각과 일치했네요. 네, 그렇게 할게요. 제 이름 설명은 이미 준비했어요."

하나님의 인도하심이라고 믿었다. 하나님의 뜻이라면 합격의 복을 주셔서 샤론이를 통하여 영광 받으시길 소망하며 기도했다. 그러나 그리 아니하실지라도 하나님의 뜻에 따르고자 하는 기도도 드렸다. 샤론이는 그 언제보다도 여유롭게 웃으며 면접에 응했고, 교수님들의 얼굴도 매우 밝았다고 말했다.

연세대에 합격했어요!

충남 도고에서 있을 '푸른또래선교마을'의 청소년 교사 집회 준비를 하는 늦은 밤, 전화벨이 울렸다. 직감적으로 샤론이의 전화라고 느꼈다. 그리고 '이렇게 늦은 시각의 전화라면…' 나는 수화기를 들었다.

"선생님. 저 샤론인데요."

샤론이는 목이 메인 듯 잠시 말을 끊었다가 말을 이었다.
"선생님, 연세대에… 최종 합격했어요."
나는 자리에서 벌떡 일어나며 외쳤다.
"할렐루야!!!"
컴퓨터를 하고 있던 아내가 깜짝 놀라 나를 주시했고 나는 눈짓으로 말했다.
"샤론이 합격이래. 최종합격!!"
아내도 놀란 듯 나를 한참 보고 있었다. 나는 수화기를 들고 안방으로 걸었다.
"그래, 샤론아. 너무 감사하구나. 연세대에 가게 하시면서 간증을 주셨잖아? 그렇지?"
"네, 선생님. 감사해요."
작년에 기독교반 회장이었던 나은이가 생각났다. 나은이도 담임선생님과 부모님 모두가 반대했는데, 하나님의 방법으로 승부를 걸겠다며 경희대 생명공학과 수시에 응시했고, 기도하며 매달린 결과 합격했다. 더욱이 나은이를 통해 아빠가 아버지학교를 수료하고 변화되었으며, 기도하는 가장으로 거듭나고 또한 아름다운 믿음의 가정으로 회복되는 복도 누리게 되었다.

아이들을 이렇게 하나님의 방법으로 대학에 합격시키는 것이 얼마나 기쁜 일인가! 그러나 더욱 감사한 것은 아이들에게 소중한 간증거리를 주셨다는 데 있다. 이제 샤론이는 이 입시의 과정을 통해서 하나님이 살아계심을 증거하는 사람으로 살게 될 것이다.

나는 전화를 붙잡고 샤론이와 함께 감사 기도를 드렸다.

단 한 사람으로

교회 교사로, 학교 현장에서의 기독교사로 생활할 때 아이들의 가장 큰 우상인 적을 만나게 되는데, 그것은 다름 아닌 공부다. 세상의 지식이다. 이것은 비단 우리 아이들에게만 국한되는 일은 아니다. 믿음을 가지고 있는 많은 부모들도, 교사들도, 자녀가 입시생이 되면 흔들린다. 그래서 가르치는 믿음의 교사가 어려움을 경험할 때도 있다. 아이들이 혼동을 일으키기 때문이다. 그만큼 세상 지식을 통한 사단의 입김은 거세다. 언제나 기도와 하나님을 외치다가도 시험기간이 되면 우선순위에 혼동이 생기는 아이들과 부모. 그리고 교사, 과외나 학원이 하나님보다 위에 군림할 때가 많음을 보며 안타깝다.

그래서 입시생으로 하나님께 나아가는 나은이나 샤론이와 같은 아이들을 볼 때면 더욱 감격스럽다. 나 스스로의 힘으로는 안 되는 무척이나 힘든 입시생이기에, 그것들을 끌어안고 하나님께 매달리며 공부하는 이러한 아이들을 만날 때면 내가 가진 모든 것을 다 주고 격려하고 싶다. 하나님께 바로 나아가는 믿음을 가진 자를 하나님께서는 분명 축복하신다. 그 축복이 대학이든 아니면 다른 길이든 하나님께서 항상 함께 하고 계신다는 그 사실이 얼마나 감사한 일인가. 그것이 바로 살아있는 간증이 아니겠는가.

이제는 뜨뜻미지근한 믿음이 아니라, 양다리의 신앙이 아니라, 전적으로 하나님께 매달리는 단 한 사람이 필요한 때이다. 하나님은 그러한 사람을 쓰실 것이다. 샤론이가 그리고 나의 제자가 우리의 아이들이 하나님 마음에 합한 다윗처럼, 하나님의 신이 감동한 요셉처럼,

그리고 사자굴에 던져져도 믿음으로 승리했던 다니엘처럼 이 땅을 복음으로 변화시키는 간증자, 사역자가 되기를 이 밤도 기도한다.

선생님,
저 대학에 합격했어요

기집애 얄미워요

매주 학교에서 고3기도회를 인도할 때마다 느끼는 점은 아이들의 간절함만큼 성령께서 주시는 은혜와 감동, 눈물과 회복이 강하다는 것이다. 이 기도회를 통해 아이들은 하나님께서 부어주시는 힘을 얻고 또 하나님을 만나며 간구하기도 한다.

미소는 고3 여학생이다. 매우 활달하여 전교생들 사이에서도 재미있는 아이, 웃기는 아이로 통했다. 이 아이가 나타나면 우울한 자리도 금방 기쁜 자리로 변하곤 했다. 선생님들께도 귀여움을 많이 받는 아이다.

미소는 하나님을 믿지 않는 아이다. 고3기도회도 이따금 올 뿐이지 많이 나오지는 못했다. 학원이나 과외 시간 때문에 마음이 있어도 잘 참석할 수가 없었던 것이다. 그런데 시간이 흐를수록 미소의 마음속에는 대학에 대한 간절함 이상으로, 하나님에 대한 기대감이 가득 차 있음을 알 수 있었다. 그것은 미소 친구들의 이야기 속에도 자주 등장했다.

"얘, 미숙아. 너한테도 문자 왔니? 미소가 기도해달라고 말야."

"응, 나한테도 왔어. 너한테도 왔니?"

미소는 고3기도회에 참석하지 못하는 날이면 어김없이 친구들에게 자기를 위한 기도 요청을 해왔던 것이다. 그날뿐만이 아니라 수시를 넣고는 하루가 멀다 하고 기도 요청을 했다.

특히 미소와 같은 반인 여정이는 흥분하며 말하기도 했다. 여정이는 나와 일주일에 한 번씩 학교에서 성경공부를 하는 신실한 아이다.

"선생님, 이런 법도 있나요? 자기는 나오지도 않으면서 우리한테 기도 부탁만 하구. 아유, 기집애. 얄미워요."

그러면 나는 하하 웃으며 말했다.

"여정아! 얼마나 기쁜 일이니? 응? 이런 과정을 통해서 미소가 교회에 나올 수 있잖니? 하나님께서 널 사용하시는 거야. 미소도 큰 복을 받는 거고, 그렇지? 그러니까 우리 미소의 대학, 그리고 미소가 하나님을 만나는 날이 오게 해달라고 더 기도하자. 응?"

하나님께 헌신하며 나아가는 여정이는 이내 고개를 끄덕였다.

복도의 대란

수시에 합격한 아이들과 떨어지는 아이들은 서로 불편해 했다. 붙은 아이들은 괜히 아이들에게 미안해하고, 떨어진 아이들은 순간적이나마 '내가 이 아이보다 무엇이 부족한가' 하는 열등감과 자괴감이 일었던 것이다.

내가 합격하지 않고 다른 친구를 진심으로 축하해 주기는 참으로 어려운 일인듯 하다. 사실 성경적으로는 이런 상황에서 상대방을 축복해 주는 것이 옳은 것인 데도 말이다.

복도를 지나가는데 난리가 났다. 그것은 보통 난리가 아니라 대란이었다. 나는 복도를 꽉 메우고 아우성을 치고 있는 아이 중 한 명에게 물었다.

"아니, 무슨 일이니?"

그 여학생은 나에게 숨을 고르지도 못하고 헉헉대며 말했다.

"선생님, 미소가 됐어요. 국민대 수시 최종 합격이요."

'끼야호!!!'

내 마음속에도 함성이 저절로 나왔다. 그런데 그 다음 다른 아이의 목소리도 들렸다.

"선생님 여정이도 됐어요. 숙명여대 최종 합격이요."

'끼야, 끼야호!!'

이번에는 너무도 기뻐 두 번을 외쳐야 했다. 그러나 그 소리는 나오지 않았다.

이윽고 미소와 여정이가 내 앞에 섰다. 아이들은 우리를 빙 둘러 쌌다. 나는 기쁜 마음으로 손을 내밀었다.

"미소야, 정말 축하해. 여정이도 축하해."

미소의 눈에는 눈물이 글썽, 볼은 홍조빛을 띠고 있었다. 여정이도 그랬다. 미소는 기분을 묻는 나의 질문에 이렇게 대답했다.

"선생님, 저는 정말 하나님이 합격시켜 주신 거예요. 성적도 좀 불안했거든요. 그리고 여정이가 기도해줘서 그래요. 물론 딴 아이들도 기도했지만, 그동안 여정이가 기도해주면 다 좋게 됐었거든요."

이야기를 하면서도 울먹이는 미소를 보며 참으로 감사하다는 생각이 들었다. 이 말을 듣던 여정이가 말을 이었다.

"선생님! 그런데 정말 기쁜 일이 있어요. 미소가 다음 주부터 우리 교회에 나오기로 했어요. 선생님, 기쁘시죠?"

주님의 인도하심으로

복도에서 이 두 아이를 붙잡고 감사 기도를 드렸다. 같이 있던 수십 명의 아이들도 함께 고개를 숙였다.

고3기도회를 통해 그리고 학교에서 성경공부 하는 여정이를 통해 하나님을 알지 못하는 미소에게 조금씩 그 사랑을 알게 하시고, 뿐만 아니라 친구를 위해 기도하며 결국 쓰임 받는 일꾼이 되는 여정이를 통한 하나님의 인도하심이 감사했다.

하나님께서는 어떤 과정이든지 사용하시며 그래서 하나님을 알지 못하는 우리 아이들을 여러 방법을 통해 이끌어 주신다. 그 크신 은혜에 감사를 드린다.

찍은 것이 다 맞았어요

눈물 많은 여고생

경연이는 마음이 무척 여린 아이다. 학교에서 함께 성경공부를 하고 고3기도회에 나와 눈물을 흘리는 것은 하나님께서 주시는 감동도 있지만, 자신의 약함과 수능에 대한 불안감 등에 기인한 것이기도 했다. 수능일이 다가오면서 경연이는 더욱 불안해했다.

나는 경연이를 만나서 이야기 하고 기도할 때마다 하나님께 전적으로 맡기고 기도하며 최선을 다해 공부하면 된다고 했지만, 그 아이의 눈물은 점점 짙어만 갔다. 그것은 하나님에 대한 믿음이 부족해서가 아니었다. 경연이는 하나님 앞에 부끄러워했고 심지어는 죄송한 마음까지 가지고 있었던 것이다. 공부를 잘해서 하나님을 기쁘게 해 드리고 싶었고, 대학에 잘 가서 하나님을 더 높이고 싶은 마음을 가지고 있었던 것이다.

나는 그 이야기를 들으며 말했다.

"경연아! 네 이야기, 그리고 네 마음은 잘 알겠지만 하나님은 말이야, 네가 공부를 잘하지 못해도 널 사랑하시고 설령 네가 대학을 가지 못해도 너와 항시 함께 하시는 분이야. 지금은 네가 소망하는 것을 놓고 진심으로 기도하며 최선을 다할 때야. 그러면 되는 거야. 하나님께서 다 알아서 진행하실 거야. 하나님이 널 자녀 삼아주셨잖니? 하나님은 아버지시고 말이야, 응?"

수능 대박나게 해주세요

수능을 치루는 전 날, 밤늦게까지 여러 아이들이 전화를 받았다.
"선생님, 기도해주세요. 지금까지 괜찮았는데 약간 떨리네요."
"선생님, 내일 수능 대박나게 기도해주세요."
"선생님, 시간이 모자라지 않게 기도해주세요. 전 항상 언어영역 시간이 모자라요."

나는 수십 명의 아이들과 통화를 하면서 힘과 격려를 불어 넣어 주었다. 그리고 전화를 붙들고 기도하고 말씀을 읽어주기도 했다.

자정이 넘어설 즈음, 경연이가 전화를 했다.
"경연아, 컨디션 좀 어때? 괜찮지?"

일부러 큰 목소리로 경쾌하게 말을 건네는 나에 비해 경연이는 풀이 죽은 목소리로 답했다.

"네… 선생님, 아까 낮에는 괜찮았는데 지금 또 불안해졌어요."

나는 히브리서 11장을 읽어주며 경연이를 격려했다. 아브라함의 믿음과 이삭의 믿음, 그리고 모세의 믿음 등을 말하며 믿음의 눈으로 하나님만 바라보라고 격려하였다. 경연이는

"선생님, 전 외국어가 제일 불안해요. 반도 못 맞거든요. 시간도 모자라구요. 결국 찍어야 할 텐데 몇 개라도 맞았으면 좋겠어요. 이런 기도 해도 되나요?"

약 30분 동안의 통화를 마치며 나는 경연이와 이렇게 기도했다.

"하나님, 경연이의 마음을 강하게 붙들어 주시옵소서. 믿음은 바라는 것들의 실상이라 하셨으니, 경연이의 믿음대로 다 이루어주옵소서. 내일 수능일 하나님을 올려드리는 날이 되게 하여 주옵소서. 떨지 않고 담대하게 문제 풀 수 있도록 동행하여 주시옵소서. 시간이 모자라지 않게 도와주시고, 또한 외국어 영역이 약한데 주님 경연이 오른팔을 붙들어 주셔서 혹시 찍는 문제마저도 정답이 될 수 있도록 은혜 내려 주시옵소서. 이 과정을 통하여 경연이가 더욱 하나님의 신실한 딸로 성장할 수 있도록 은혜 내려 주시옵소서."

수능일 아침 경연이는 시험장으로 가면서 전화를 했다. 그리고 기도해달라고 했다. 나는 어제와 비슷한 내용의 기도를 한 번 더 드렸다.

찬송가 소리는 뭐예요

수능이 끝난 저녁, 수험생들의 눈치를 보는 선생님들과 학부모들. 매스컴에서는 금년의 문제가 어떻고, 부정행위가 어떻고 하는 내

용들이 봇물처럼 쏟아지고 있었다.

내 전화에도 아이들의 문자가 들어오기 시작했다.

"선생님, 꼭 모의고사 보는 기분이었어요. 너무 편안했어요. 기도의 힘인 것 같아요."

"선생님, 이게 웬 일에요. 언어영역 문제를 푸는데 갑자기 어디선가 찬송가 소리가 들리는 거에요. 귀에 쟁쟁하게요. 하나님이 같이 계시다는 신호겠지요. 평안히 잘 풀었어요. 샘 감사해요."

아이들은 수능 성적과 관계없이 평안한 마음으로 시험을 치렀다고 고백했다. 참으로 감사한 일이었다. 하나님이 동행하실 때 불안과 두려움은 사라지는 것이 당연하니까 말이다.

시험 감독을 마치고 집에 돌아와 쉬려는 늦은 시각. 전화벨이 울렸다. 경연이였다.

"선생니~임!"

갑자기 지르는 소리에 나는 깜짝 놀랐다. 경연이의 목소리는 격앙되어 있었고 매우 심하게 울고 있었다.

"아니, 경연아! 무슨 일이니? 응? 시험 망쳤니?"

경연이는 말을 잇지 못할 정도로 울고 있었다.

나는 잠시 기도하는 심정으로 경연이가 안정을 찾을 때까지 기다렸다. 경연이는 울먹거리면서도 이내 심호흡을 하더니 천천히 말하기 시작했다. 그러나 그 목소리는 여전히 흥분에 차 있었다.

찍은 것들이 정답이에요

"선생님, 하나님께서 절 인도하셨어요. 흑흑흑…."
"오! 그래."

나는 마음을 쓸어내렸다. 무슨 큰일이 났나 생각했기에 이 한 마디로 나쁜 일은 아니라는 생각이 들었던 것이다. 경연이는 계속해서 말을 이었다.

"제가 외국어가 약하잖아요, 시험보며 계속 기도했어요. 그런데 시간이 모자라고 또 지문을 보니까 잘 모르는 것이어서 좀 당황했어요. 그래서 지문 세 개에 해당하는 문제를 거의 찍다시피 했거든요. 근데요, 선생님. 흑흑흑…."

경연이의 눈물샘이 완전히 터져버렸다. 거의 엉엉 울다시피 하며 경연이는 말을 계속 이었다.

"… 제가 거의 찍다시피한 지문 세 개 문제 답이 전부 다 맞았어요. 어떻게 이런 일이 있어요, 선생님."

"우와, 경연아! 축하해. 정말 찍는 것도 정답이 되게 해주셨구나. 하하하."

경연이는 기뻐서 나오는 울음을 억제하지 못했다.

"선생님, 그래서요. 학교 모의고사 때보다도 40점이 더 나왔어요. 정말 기뻐요."

하나님께 감사드리지 않을 수가 없었다. 아이들에 따라 다양한 방법으로 만나주시는 하나님. '경연이에게는 이런 방법으로 확신을 주시는구나' 하는 생각이 들었다. 경연이는 기쁜 목소리로 말을 이었다.

"선생님, 그동안 제가 하나님을 믿는다고 하면서도 투정부리고 원망하고 그랬잖아요. 맨날 불안해하구요. 근데 하나님께서 절 예쁘게 보시고 이렇게 축복해주신 것이 얼마나 기쁜지 몰라요. 하나님이 절 사랑하신다는 증거잖아요. 솔직히 전 이제 대학 못 가도 괜찮을 것 같아요. 하나님이 동행해주시는데 뭐가 걱정되겠어요. 그쵸? 선생님! 선생님께도 감사해요."

나는 경연이와 하나님의 인도하심에 감사 기도를 드렸다.

다음 날 만난 경연이의 얼굴은 천사의 얼굴처럼 밝아져 있었다. 목소리도 방방 뜨고 있었다. 하나님께서 함께 하신다는 체험을 한 경연이의 모습은 그야말로 하나님의 딸, 바로 그 모습이었다.

감사해요

경연이는 덕성여대 인문학부에 합격하였다. 졸업식 날 문자가 들어왔다.

"선생님, 다른 데 가시면 안돼요. 꼭 저랑 사진 찍으셔야 해요."

경연이는 화사하고 밝은 얼굴과 미소를 띠고 나에게 달려왔다. 팔짱을 끼고 사진을 찍는 경연이.

"선생님, 하나님께 정말 감사해요. 저는 아무 것도 아닌데… 선생님께도 감사드려요. 자주 찾아 뵐게요. 저 열심히 할게요. 선생님."

하나님보다
공부가 우선이잖아요, 네?

새로운 마음으로

12월 7일 찬양제가 다가오면서 준비하는 나와 아이들에게 시험은 계속되고 있었다. 영적 혼란함과 육체적 힘듦, 그리고 물질적 어려움도 가중되었다. 매년 겪는 일이지만 겪을 때마다 힘들고 그러면서도 말씀을 통해 힘주시고 작정 기도, 합심 기도, 금식 기도 등을 통해, 피할 길과 극복의 길을 열어 주시는 하나님의 인도하심을 깨달으며, 찬양제를 한 주 앞두고 있을 때였다.

나는 2주 전부터 그렇게 아픈 적이 없었을 정도로 신열이 들끓었다. 병원에 갔더니 단순한 감기 초기라고 주사도 놔주지 않았다. 그런데 이렇게 아프다니…. 의학적으로 이상이 없다면 영적으로 정리해야 할 것이 있다는 것. 나는 누운 채로 몇 가지 깨달음을 주시는 하나님을 다시 한 번 만날 수 있었다.

찬양 인도자 샤론이를 위시해 감기에 걸린 아이들, 또 다른 질병으로 몸이 아픈 아이, 영적으로 혼란스런 아이, 서로간의 미움, 질투, 시기 등으로 힘들기도 했다. 그러나 하나님께서는 흐트러지는 우리들의 마음을 붙잡아 주셨고 다시금 회복의 길을 열어주고 계셨다.

드릴 말씀이 있어요

상은이는 미션 중학교를 나왔고 율동에 은사가 있는 아이다. 그러나 자신의 마음과는 달리 아침잠이 많았다. 부지런하지 못하면 신앙생활을 잘 할수 없다는 것을 알면서도 뜻대로 되지 않는 듯 했다. 그러나 상은이는 나름대로 노력하고 있었다. 아침 기도회도 나오려고 노력했고, 공부도 열심히 하고자 했다. 그렇게 1학년을 보냈고, 2학년이 되었다.

상은이의 가정은 교회를 나가는 믿음의 가정이다. 그러나 상은이의 생활과 학업, 급기야 신앙생활마저 어려움을 겪게 된 일이 이번 찬양제를 준비하는 과정에서 발생했다.

상은이의 엄마가 학교에서 기독활동을 못하게 한다는 것이다. 많은 부모님들은 더욱이 하나님을 믿는 부모님들도 학업과 믿음을 별개로 보는 경우가 많음을 잘 알고 있다. 상은이 어머니도 그러했다. 당신의 뜻대로 공부해주지 않는 딸이 야속했고 급기야 그것은 분노로 변하게 되었다.

"선생님, 전화 주십시오."

가정집 전화번호가 찍혀 있는 핸드폰 메시지를 보며 누굴까 궁금해 하다가 전화를 걸었다. 이내 들려오는 저편의 목소리, 그분은 상은이 어머니였다.

"아! 상은이 어머니셨군요. 평안하셨어요?"

나는 밝고 힘찬 목소리로 말을 건넸다.

"선생님, 제가 드릴 말씀이 있어서 문자 남겼습니다."

공부가 우선이잖아요

상은이 어머니는 무엇에 억눌린 듯한 목소리로 말씀을 시작했다.

"이번 찬양제 때 상은이는 시키지 않으셨으면 좋겠습니다. 애가 생활이 말이 아닙니다. 담임선생님도 지금이 제일 중요한 때라고 하시구요. 이제 곧 3학년이 될 거 아닌가요? 그러니까 자지 않고 공부해야 될 땐데, 하나님도 중요하지만 지금은 공부해야 하잖아요. 그러니까 선생님, 상은이는 빼 주세요."

일사천리로 말씀 하시는 상은이 어머니의 목소리를 들으며 나는 상은이가 현재 어떠한 상황에 처해있는지 충분히 알 수 있었다. 나는 예의 밝고 환한 목소리로 대답했다.

"상은이 어머니, 말씀 잘 알겠습니다. 상은이는 중학교 때부터 하나님께 나아가는 귀한 아이이지 않습니까? 어머니께서 걱정하시는 대로 잠도 많고 그래서 지각도 많이 하지만 그래도 하나님께서 선택한 딸이잖아요. 그리고 상은이는 현재 고2구요. 지금은 아이가 성장해 나가는 과정이지 결과가 나타난 것도 아니구요."

상은이 어머니는 숨소리조차 내지 않고 듣고 있었다. 나는 말을 이었다.

"저희 기독교반에서는 상은이가 매우 소중한 존재입니다. 찬양도 잘하고 율동도 잘하고, 하나님께서 주신 은사가 많은 아이예요. 하지만 항시 그랬듯이 하나님께 나아가는 여러 행사에 참여하는 것은 제가 시켜서 하는 것이 아닙니다. 본인들이 기도하고 여러 상황과 여건을 생각하고, 자신의 마음을 놓고 기도하며 결정한 것입니다. 상은이도 마찬가지죠. 결국 상은이가 찬양제를 준비하며 무엇을 기도하겠어요? 하나님께 나아가면서 아빠, 엄마, 그리고 자신의 학업, 비전 등에 관한 기도가 아닐까요? 어머니, 상은이와 한번 말씀 잘 나눠보시구요, 또 어머니도 기도하시는 분이시니까 하나님의 인도함도 구하시구요, 분명한 것은 상은이는 하나님의 귀한 딸이라는 것입니다."

여기까지 얘기 했을 때였다. 상은이 어머니의 목소리가 다소 높아졌다.

"아니, 누가 하나님 믿지 말랬어요? 교회에서만 하면 되지, 왜 학교에서까지 매일 기도하고 모이냐구요!! 지금 상은이는 하나님보다 공부가 우선이잖아요. 네?"

이 말을 끝으로 전화는 '툭' 끊어졌다.

'이런 이런….'

당연히 하는 거죠

영훈고는 특수한 여건의 학교이다. 기독교학교가 아니면서도 학생들의 기도가 끊이지 않는 학교, 불치병에 걸린 학생들이 살아나는 학교, 성경공부, 예배, 순결서약예배, 고3기도회, 신우회, 기독동문회, 기독학부모회 등이 조성되어 있는 학교, 그러면서도 영적싸움이 끊이지 않는 학교.

기독학생들은 학교에서의 믿음생활로 끝나서는 안된다는 것을 잘 알고 있다. 그것은 나도 항시 강조하고 있는 것이다. 그래서 우리 아이들은 자신들이 섬기는 교회에서 고등부 회장을 위시해 여러 임원으로 섬기고 있다. 매일 기도하는 아이들이니 하나님이 그렇게 섬길 기회를 주는 것은 당연하다는 생각마저 들기도 한다.

상은이 어머니의 전화를, 다시 한번 찬양제를 놓고 더 기도하라는 하나님의 신호로 받아들였다.

쉬는 시간, 상은이를 찾았다. 그런데 상은이는 학교에 등교하지 않은 상태였다.

'그렇다면 상은이 어머니가 나에게 전화를 할 때 상은이가 집에 있었다는 얘기…'

그랬다. 상은이 어머니는 상은이를 학교조차 보내지 않았던 것이다.

나는 상은이를 위해서 기도했다. 상은이의 어머니와 상은이의 가정을 놓고 기도했다. 기도를 할수록 눈에 눈물이 가득 찼다. 상은이 어머니가 원망스러워서가 아니라, 이러한 환경에서 상은이가 하나님께 나아가고자 하는 열망이 더 강해지고 있다는 사실이 나를 감동케

한 것이다.

다음 날 만난 상은이는 생글생글 웃으며 이렇게 말했다.

"선생님, 죄송해요. 엄마가 좀 심해지셨어요. 제가 더 잘해야 하는데…. 하나님께 참 죄송해요. 선생님께도요."

"아냐, 상은아! 죄송할 것이 뭐 있니? 믿음 생활을 하면 행동의 변화가 일어나야 하는 것은 당연한 거거든. 너희 엄마 말씀이 다 잘못된 것은 아냐. 그러니까 상은이도 이번 기회를 통해 잠도 줄이고 공부도 더 열심히 하면 좋겠어. 그리고 찬양제 어떻게 하기로 결정했니?"

상은이는 환하게 웃으며 딱 잘라 말했다.

"당연히 하는 거죠. 선생님."

야자는 어떻게 해야 하나요

노력하는 상은이의 모습이 역력했다. 그 이후 상은이 어머니의 전화는 없었다. 그런데 상은이를 어렵게 하는 또 하나의 상황이 발생했다.

학교에서 수능 이후에는 2학년 학생들을 고3체제로 이끌어간다. 그래서 야간자율학습을 밤 10시까지 시키는 것이다. 다른 학급들은 원하는 학생만 자율학습을 하도록 하였는데, 유독 상은이의 담임선생님만 학급의 아이들 전원을 강제로 10시까지 남도록 한다는 것이다. 찬양제 관계로 자율학습을 빼달라고 말하러 간 상은이에게 담임선생님은 이렇게 말씀하셨다 한다.

"야, 임마! 하나님은 대학가서 찾아도 안 늦어. 지금은 공부만 해야 될 때잖아. 안돼!"

상은이는 오후 6시부터 밤 10시까지 해야 하는 야간자율학습에 참여하지 않을 수 없었다. 막무가내로 빠지게 되면 담임선생님과 자신의 엄마가 연락할 것이고…. 그러나 상은이는 찬양제 연습을 포기하지도 않았고, 더욱이 불참할 생각은 추호도 없었다.

상은이는 아침, 점심 그리고 저녁 식사 시간을 빼서 찬양제 연습에 몰두하기 시작했다. 식사도 하지 않으며 그렇게 간절히 매달리는 상은이의 모습을 보며 나는 가슴 깊은 곳에서 끓어오르는 감동의 눈물이 흘렀다.

기독학생들은 방과 후에는 학교 옆 신성교회에서 연습을 한다. 찬양제에 참여하고 준비하는 아이들은 약 30여 명, 간식비가 충분치 않아, 떡볶이와, 순대 등으로 먹었지만 그것마저도 감사하다고 좋아하는 아이들이 대견스러우면서도 측은한 마음이 들었다.

아이들은 간단히 식사를 하고 약 한 시간 동안 기도회를 한 후 찬양, 율동, 워십, 드라마, 연극 등의 연습을 했다. 매일 밤 10시 또는 11시까지 들고 뛰며 연습을 하는 아이들을 보며 '무엇이 이 아이들을 이렇게 강한 끈으로 묶어 놓는가' 라는 생각에 또 한 번 눈물이 쏟아졌다.

마음껏 써주세요

그리고 다음 날.
그 날도 아이들이 연습에 한참 열을 올리고 있었다. 이미 연습과정에서 성령님께서 임재하셔서 우리 아이들을 어루만지시고 또 힘을 부어주고 계셨다. 아이들은 손을 높이 들고 찬양하였고 또 신나게 율동을 하고 있었다.

밤 10시를 조금 넘기고 있을 때 연습 장소의 문이 빼꼼히 열리더니 누군가 들어섰다.

아, 그 아이는 상은이였다.

아이들은 모두 상은이를 향했다.

"아니, 상은아! 어떻게 온거니?"

상은이는 다소 쌀쌀한 날씨에 상기된 볼을 어루만지며 말했다.

"네, 선생님. 야자 하고 왔으니까 이제 연습해도 되잖아요. 그래서 왔어요. 이제 담임선생님도 엄마도 아무 말씀 못하실 거예요. 선생님, 저 야자 하는 중에도 얼마나 기도했는데요. 이번 찬양제 정말 마음껏 참여하게 해달라구요. 하나님 영광 받아 주시라구요. 저에게 주어진 시간이 많지는 않지만 최선을 다할 거예요. 저를 써주실 거예요."

상은이는 그 자리에 온 것만으로도 너무 감사해 말을 하면서도 울고 있었다. 하나님께 나아가는 마음으로 그 자리를 소망하며 밤 10시를 훌쩍 넘기고 찾아 온 이 아이.

나는 말할 수 없는 감동으로 상은이의 어깨에 손을 얹고 기도했다. 상은이의 하나님을 향한 열정과 어떠한 상황에서도 우리를 인도하시고 축복하시는 하나님의 마음을 느끼며 무릎을 꿇었고, 급기야 상은이를 붙잡고 기도하다가 엉엉 울어버리고 말았다.

아이들도 모두 그 자리에 무릎 꿇고 그 자리에 불러주신 하나님께 감사의 기도를 드리기 시작했다.

# 국어 시간의 성경 이야기

1학년 남학생 국어 시간

일주일에 네 번씩 만나는 이 반은 내가 들어가는 학급 중 가장 활기차다. 그래서인지 국어 실력도 매우 좋은 학급이다. 국어 시간은 무척 활발해서 농담을 하다가도 수업 내용의 진행이 원활하다.

나와 아이들은 교사와 학생이라는 신분보다 어쩌면 내가 이상적으로 여기는 친구와 같은 위치에까지 가 있는 듯 할 때가 있다. 특히 회장인 현철이의 유머는 상상을 초월할 정도다. 한 사람의 역할이 그 분위기를 좌우할 수 있다는 것을 현철이를 통해 실감하곤 한다. 가끔 현철이와 나는 도깨비빤스(어린 아이들의 율동과 노래)를 한다. 내가 가르쳐 준 그 노래와 율동을 고등학생들이 하는 우스꽝스런 모습은 학급의 활기를 더욱 넘치게 한다.

2학기에는 교과서 진도와 더불어 독서 토론식 수업도 진행하고 있다. 아이들이 직접 책을 읽고 발표하며 토론을 하는 수업인데, 이 수업을 한 지도 13년가량 되었다. 교사의 일방적인 수업보다는 학생들의 의사가 담긴 토론은 세월이 가도 질이 떨어지지 않는 역동적인 수업이라 할 수 있다. 수업을 한 후 조금 시간이 남을 때에는 감동적인 이야기를 읽어 준다. 짤막한 글 속에 담긴 그 내용은 비단 여학생이 아니라 할지라도 상당한 감동을 공유한다. 노래도 부르고 율동도 하며 좋은 글을 공유할 수 있는 아이들과의 국어 시간. 나는 무척 행복한 나날들을 보내고 있다고 고백한다.

성경 얘기 해 주세요

현철이네 학급 국어 시간이다. 진도를 확인하고 수업을 진행하려는 데 갑자기 어디서 큰 목소리가 들려왔다.
"선생님, 오늘은 성경 얘기 해 주세요. 진도 나가지 말구요."
이런 적은 처음이었다. 수업을 진행하다가 내용과 연관이 있으면 나는 하나님 이야기를 서슴지 않았다. 거기에 견주어 불교 이야기도 하였다. 내가 약 7년 정도를 불교에 접하며 공부한 것이 하나님을 더욱 드러내는 도구가 될 때도 있었다.
"그러니까 말야, 불교는 공부할수록 철학에 가깝더라구. 그때 당시 난 정말 진짜 종교를 갖고 싶었어. 그런데 그 진짜는 하나님을 믿는 것이었단다. 어때? 너희들이 보는 선생님 모습 좋아 보이지 않니?"

대체로 이렇게 이야기를 끌어갔는데 이번에는 아이들이 먼저 성경 이야기를 해달라고 하는 것이 아닌가. 하나님께서 주신 허락된 기회였다. 나는 잠시 마음속으로 기도했다.

"하나님, 감사합니다. 일부러 기회를 만들기도 어려운데 이렇게 통째로 시간을 주시다니요. 어디서 어떻게 말해야 하는지 제 입술을 주장해 주세요."

마음속으로 인도함을 구하며 짧은 기도를 한 후 창세기 1장부터 이야기를 풀어 갔다. 극적 효과를 주기 위한 의도도 있었지만 1, 2장의 하나님의 만물 창조와 인간 창조, 아담과 하와, 3장에 가서 죄가 들어온 것과 다시 하나님 곁으로 돌아갈 수 있는 예수그리스도를 주신 하나님의 은혜를 나눌 때 한 편의 영화를 소개하는 듯 흥미진진했다.

약 50분가량의 성경 이야기에 아이들은 푹 빠져든 듯 했다. 그때였다. 평소에도 질문을 잘하던 강훈이가 대뜸 물었다.

하나님은 누가 만들었어요?

"선생님! 그럼, 하나님은 누가 만드신 건가요?"
"하나님은 스스로 있는 자니라.(출애굽기 3:14)"
"네?"

나는 강훈이의 눈을 따뜻한 시선으로 바라보며 말했다.

"강훈아, 하나님은 우리를 만드신 분이야. 그러나 하나님은 스스로 계신 분이기 때문에 누가 만들어낼 수가 없는 분이란다. 하나님을 믿으면 더 명확히 알 수 있어."

강훈이는 고개를 갸우뚱 하는 듯 하더니 이내 끄덕였다. 아이들은 무척 재미있어 했다. 나는 나대로 하나님에 대한 이야기를 하며 은혜를 체험했고 이것이 수업 시간에 자연스럽게 이루어질 수 있도록 인도하신 하나님께 감사했다.

나는 이 날 이야기를 이렇게 마무리했다.

"얘들아, 그러니까 우리를 만드신 하나님 곁으로 다시 돌아가려면 예수님을 믿는 방법밖에 없어. 죽음이 끝이 아니거든. 아직 예수님을 믿지 않는 친구들이 여기에도 있지? 이런 친구들은 꼭 선생님 만나서 이야기 더 나누자. 아니면 이런 기회를 다음에 더 줘도 좋고…."

기도하기 위해 눈을 감는 내 눈에 감사의 눈물이 핑 돌았다.

다음 국어 시간이었다. 들어서자마자 아이들이 외쳤다.

"선생님, 오늘 성경 이야기 2부 해 주세요!!"

선생님, 꼭지가 돌아요

유별난 아이

성호는 몇 년 전 내가 담임했던 학급의 아이다.

성호가 3학년이 되기 전에 나는 이 아이를 이미 알고 있었다. 선생님들 사이에서 오르내리는 아이, 또 학우들 사이에서 오르내리는 이름을 가진 아이라면 둘 중 하나의 이유였다. 매우 모범적인 아이나 유별난 구석이 있는 아이, 성호는 후자 쪽이었다.

학생회 활동을 열심히 하고 남자다운 구석이 있고 고려대학교 정치외교학과나 법학과를 꿈꾸는 아이였다. 그런 성호를 3학년이 되어 담임교사로 만난 것이다.

성호 못지않게 어머니도 학교 일에 열심인 것을 알게 된 것은 이미 많은 선생님들 사이에서 성호의 어머니가 얘기되고 있었기 때문이었다. 열성이 있고 협조적인 분이라는 것이었다.

성호 어머니는 나에게 성호는 불교 집안의 장손이라고 말씀하셨다. 그래서인지 그 아이에게서 어딘지 모르게 불교 냄새가 나는 듯했다. 하지만 복음을 전하는 데는 그러한 것이 중요치 않다. 복음은 타 종교가 있든 없든 넘지 못할 산이 없고 건너지 못할 강이 없는 것이니까 말이다. 나는 성호를 위해 기도하며 나아가기 시작했다.

꼭지가 돌아요

성호의 진면목은 여러 곳에서 나타났는데 먼저 수업 시간이나 학급 활동 시간에 매우 활발하게 이야기를 잘 해 학급 분위기를 이끌고 재미있는 말과 행동을 잘했다.

한 번은 내가 '화가 난다'는 표현을 '꼭지가 돈다'고 말할 때가 있다고 했더니 아이들이 "와~~"하고 웃어버렸다. 나는 아이들이 왜 그렇게 웃나 했는데 잠시 후 그 이유를 알았다. 성호가 자리에서 일어나더니 자신의 양쪽 가슴의 젖꼭지 부분을 손가락으로 집어 비틀며 이렇게 말하는 것이 아닌가.

"선생님 이렇게 꼭지가 돈다는 말씀이세요?"

아이들은 또 한 번 까르륵 웃어댔고 나도 당황하며 함께 웃고 말았다.

그리고 약 한 달가량 지났을까? 또 한 번 성호와 대면하게 되었다. 학교 독서실에서 담배를 피다가 옆 반 신선생님께 적발이 된 것이다. 성호가 담배를 피우는 것을 예상은 했지만 학교 독서실에서 담배를 피우는 것은 상식 밖의 일이었다. 그러나 담배를 피웠다는 사실보다도 더 중요한 것은 왜 담배를 피워야만 했는지 그 연유를 아는 것이 먼저였다.

"성호! 일단 언제부터 어떻게 담배를 피기 시작했는지 그리고 꼭 피워야만 하는지 생각했다가 이야기 하자."

성호는 별다른 제재 없이 이야기 하고자 하는 담임교사의 반응이 의아했던 것 같다. 다음 날 교무실 내 책상 위에는 성호가 쓴 편지 한 통이 놓여 있었다.

성호의 반성문

"선생님, 정말 죄송합니다. 선생님께 그런 부끄러운 모습을 보여드려 죄송합니다. 2학년 때 담배를 피우다 몇 번 적발되어 아예 끊어야겠다고 결심하고 노력해서 좀 괜찮아졌다고 생각했는데, 고3이 되어 생활하다보니 다시 생각이 났습니다. 이렇게 의지가 약해서 나중에 무슨 정치를 하겠는가 생각하니 제가 바보 같고 싫어집니다. 그러나 이번 일을 계기로 더욱 노력하겠습니다. 주시는 벌도 달게 받겠습니다. 선생님, 정말 죄송합니다. 제자 성호 올림."

나는 성호를 야단쳐야겠다는 생각보다 하나님께서 성호에게 임하시는 때가 가까이 왔음을 감지했다. 나는 성호를 불러 이야기를 나눴다.

"성호야, 너는 불교 집안이라고 했지? 그리고 공부도 열심히 하고 담배도 끊고 싶다고 했지? 이제 하나님을 만나렴. 하나님을 만나면 하나님께서 너를 소중하게 생각하시고 귀하게 사용하신단다. 그리고 너에게 더 큰 구원을 선물로 주실 거야. 하나님 믿고 꼭 기도하는 사람이 되길 바래. 그러면 담배는 저절로 끊게 될 거야."

순간 무엇인지 모를 광채가 성호의 눈에서 반짝 했다. 난 흥분되었고 하나님께서 꼭 성호를 만나주시리라는 믿음을 갖게 되었다.

저를 사랑하시나 봐요

그리고 그 해의 고난주간, 나는 수업 자투리 시간을 사용해 '4영리'로 우리 반 아이들 40명에게 통째로 복음을 전했고, 아이들은 모두 영접기도를 하였다. 기독교학교도 아닌 그리고 교회도 아닌 학교의 교실에서 예수님을 만나는 아이들…. 그 가운데 성호도 있었다.

영접기도를 한 그 날 저녁, 성호에게서 문자가 들어왔다.

"선생님, 공부하기 전에 기도했더니 너무 좋아요."

"선생님, 하나님께서 제 기도도 들어주실까요?"

"선생님, 하나님은 저를 정말 사랑하시나봐요!"

연속해서 들어오는 문자메시지를 보며 나는 감사 기도를 했다. 하나님께서는 성호를 강하게 붙드시고 성호를 이미 하나님의 사람으로 만들고 계셨던 것이다.

그 후 성호는 열심히 공부하기 시작했다. 쉬는 시간 책상을 벽에 붙여 머리를 파묻고 공부하는 성호를 향해 친구들은 손가락질을 하기도 했다.

"야! 임마, 그렇게까지 해야 되냐?"

그러나 성호는 아랑곳하지 않고 최선을 다했다. 결국 성호는 3학년 첫 모의고사보다 무려 100점 이상이 올라 건국대에 합격했다. 나의 교직 경험으로 볼 때도 100점의 차이가 나는 성적은 처음이었다.

성호는 그때부터 아이들에게 자신있게 외쳤다.

"야! 하나님께 기도하면서 공부해 봐. 하나님 믿고 의지하면 된다니까."

"여호와를 경외하는 것이 지혜의 근본이요…."(잠언 9:10)

 # 수시원서 마감 10분 전

수시는 수시로 분주해요

2학기 수시 원서는 대학별로 원하는 전형 방법으로 학생들을 선발하기에 더욱 복잡하고 분주해서 고3 담임교사들은 매우 힘겨워한다.

기도하며 맡은 3학년 남학생 문과반. 이제 수능을 두 달여를 앞두고 아이들은 막바지 노력을 하고 있다. 지난 1학기 고난의 날에 우리 아이들 40명은 모두 영접 기도를 했다. 그리고 매일 아침과 저녁 종례 때 기도하며 학교생활을 하였다. 더욱이 큐티를 나누며 지내는 이 아이들은 기독교학교도 아닌 영훈고에서 하나님의 복을 마음껏 누리는 주인공들이다. 그럼에도 항상 지각대장은 있고 말썽꾸러기도 있다. 우리 학급 역시 그러했지만 하나님께서는 매일 기도하며 나아가는 이 아이들을 만나주시고 또 하나님께서 원하시는 대학으로도 인도하실 것이 틀림없다는 생각이 들었다.

접수 마감 30분 전이에요

마지막 8교시 자율학습 감독을 하기 위해 교실에 들어섰다. 우리 반 민철이가 외쳤다.
"선생님, 저 대학 접수해야 하는데요?"
나는 민철이를 돌아보며 외쳤다.
"그래? 접수하렴. 언제까지지?"
"오늘 5시까지인데 아직 못해서요."
순간 나는 마음이 급해졌다. 민철이가 나에게 접수해야 한다고 말하는 그 시간은 마감 시간을 30분가량 남긴 4시 30분이었기 때문이다. 이미 몇 일 전부터 면담을 하며 지망 대학교를 다 정해놓은 상태였다. 민철이도 그러했다. 면담은 다 끝난 후인데 이제와서 접수를 하러 가겠다는 녀석. 나는 급한 마음을 동반한 화를 억누르고 애써 민철이에게 말했다.
"야, 이 녀석아. 왜 빨리 안하고 30분밖에 안 남았는데 이제 말하는 거야? 응?"
학교 컴퓨터도 중간고사 시험 문제 출제 기간이라 마음대로 사용하지 못하는 상황이라 더 답답했다. 일단 어떤 식으로든지 해결을 해 줘야만 했다.

접수했어요

나는 민철이를 데리고 내가 홀로 사용하고 있는 기록보존실로 향했다. 컴퓨터로 접수를 하도록 하고 나는 그 옆자리에 앉았다. 민철이는 내가 켜준 컴퓨터에서 예정한 대학교에 인터넷 접수를 했다.
"다 했니?"
"네, 그런데요, 선생님. 하나 더 해야 하는데요."
내 마음속에서는 또 화가 소용돌이 치는 듯했다. 그것을 애써 누르며 말했다.
"어서 해라. 응?"
'자신의 일인데 이렇게 무성의 한가' 하는 생각과 '이렇게라도 접수했으니 다행이다' 라는 생각이 겹쳤다. 나는 흥분된 가슴을 쓸어내리며 마음속으로 기도하고 있었다. 민철이의 원서 접수를 가까스로 마치고 교실에 들어서니 4시 50분이었다.

튀어 내려가

교실 앞에 다다랐다. 우리 반 영배가 나를 기다리고 있더니 화급하게 말했다.
"선생님, 저 어떡해요. 오늘 접수해야 되거든요. 5시까지요."
순간 내 입에서는 일갈 호통이 터져 나왔다.
"야! 임마!!! 너 뭐야?"

얼마나 크게 소리를 질렀는지 복도가 쩌렁 울렸다. 나는 그때까지 그렇게 소리를 지른 적이 없었기에 아이들도 깜짝 놀랐다. 옆 반의 아이들조차 고개를 내밀었을 정도니 말이다.

"안 돼!"

나는 순간적으로 외치고 교실로 들어와 버렸다. 시간은 30초, 1분을 지니고 있었다. 일단 빨리 접수를 시켜야지 어쩌면 나 때문에 평생 후회를 할 수도 있고 또 나를 원망할 수도 있다는 생각이 들었다.

나는 영배에게 외쳤다.

"야! 빨리 뛰어 내려가!!"

민철이를 동행하도록 하고 나는 교실에 있었다.

접수했어요

5시 1분전 영배와 민철이가 교실에 들어섰다. 영배는 미안한 얼굴로 말했다.

"선생님, 접수했어요."

이 말이 끝나기가 무섭게 내 입에서는 또 큰 소리가 나갔다.

"야, 이 녀석들아. 내가 뭐라고 했니? 선생님하고 상담이 끝나고 학교가 정해졌으면 빨리 접수를 하는 건 당연한 건데, 왜 이제껏 가만히 있다가 30분, 10분 전에 하겠다고 난리야? 응? 두 명이니까 망정이지. 더 많았어 봐. 어떻게 됐겠냐구!!"

아이들은 고개를 푹 숙이고 있었다.

"도저히 안 되겠어. 너희들은 종례 끝나고 좀 남아. 혼 좀 나야겠어."

종례를 하고 반가를 불렀다. 그리고 기도를 하고 아이들을 모두 돌려 보낸 후 영배, 민철이와 마주 했다.

몇 대 맞을래?

"지금까지 매일 아침 지각하고 이제 원서 쓰는 것까지 이렇게 애를 먹이니 이것 참, 나중에 너희들 더 중요한 일이 있을 때 어떻게 하려고 하니? 응?"

영배와 민철이는 고개를 푹 숙이고 아무 말도 못했다. 성격이 좋은 아이들. 그리고 아이들 사이에서 인기도 꽤 좋은 아이들이다. 그런데 지각이 많고 졸기도 잘하는 아이들.

나는 갑자기 이 녀석들이 불쌍해지기 시작했다. 어쩌면 늦게라도 원서 마감일이 생각난 것이 더 감사한 일이라 할 수도 있다. 그러나 나는 이 마음을 감추고 작은 목소리로 물었다.

"어때? 몇 대 맞으면 정신 똑바로 차리겠니? 응?"

"열 대요."

나는 슬며시 웃음이 나왔다. 이미 나의 마음은 녹아내리고 있었던 것이다. 그러나 내 입에서 나온 말은 다른 것이었다.

"아니, 이 녀석들 너희는 백 대씩은 맞아야 할 것 같아. 회초리로 말야. 이리 와!"

손을 붙잡고 기도를

한 걸음 앞으로 다가온 아이들. 나도 가까이 다가갔다. 그리고 각각의 손을 붙잡았다. 나는 조용히 그리고 따뜻한 목소리로 말했다.

"민철아, 영배야. 사실 다행이다. 이렇게라도 접수를 했으니 말야. 너희들 힘으로 잘 안되지. 접수하는 것 하나 이렇게 힘이 드는데 시험이야 얼마나 더 하겠니? 그치? 힘내고 시험 준비 잘하렴. 그리고 하나님께 더 의지하고 기도하며 나아가야지…. 선생님이 기도하마."

내 입에서는 위로의 말이 나가고 있었다. 아이들은 고개를 숙이고 내 말을 듣고 있었다. 나는 기도를 하기 시작했다.

"하나님, 오늘 민철이와 영배가 가까스로 원서 접수를 했습니다. 하나님께서 생각나게 하신 것으로 믿고 감사드립니다. 우리 민철이와 영배가 하나님께 더 기도하며 입시를 준비할 수 있도록 인도하여 주시고 또 하나님께서 원하시는 방법으로 진학하게 하실 줄 믿습니다. 축복하여 주시옵소서. 우리 민철이와 영배에게 더 큰 힘을 주시고 오늘 30분 전, 10분 전에 넣은 대학도 합격의 선물로 주시길 원합니다. 끝까지 인도하여 주시옵소서. 민철이와 영배가 대학에 가는 과정마저도 하나님 영광 드러낼 수 있도록 사용하여 주시옵소서."

기도를 하며 나는 다시금 아이들의 마음을 헤아릴 수 있었다. 분주한 아이들, 복잡한 마음들, 그 가운데서 중요한 것마저도 잊어버리는 아이들…. 그 아이들의 심정이 전달되었다.

한동안 기도는 계속되었고 내 마음과 눈에는 눈물이 흐르고 있었다.

눈물을 글썽이는 아이들

기도를 다 마치고 나는 아이들의 어깨를 두드렸다.
"자, 됐다! 민철이, 영배 이제 더 열심히 대학 준비하렴. 알았지?"
그때였다.
감았던 눈을 뜨고 숙였던 고개를 드는 아이들의 눈에는 눈물이 가득 고여 있었다. 하나님께서는 원서를 접수하는 과정을 통해서 또 한 번의 눈물을 허락하셨던 것이다.
인내와 소망을 잃지 않도록 하시는 하나님, 우리 아이들에게 갖고 계신 아름다운 계획이 모두 이루어지기를 기도한다.

기도하며 공부한 전교 1등

영훈고 기독학생회 회장

예진이는 영훈고 기독학생회 회장으로 봉사하는 학생이다. 더욱이 학급의 회장으로서도 모범을 보이고 교회 생활도 본을 보이는 아이다. 키도 크고 얼굴도 예쁘며 리더십도 있어서 아이들의 부러움과 샘을 동시에 받는 아이다. 공부에 대한 욕심도 많아서 항상 상위 그룹에 있는 여러모로 뛰어난 학생이라 할 수 있다. 예진이의 아버지는 영훈고에서 아버지학교를 수료하셨고, 어머니는 교회의 전도사로 섬기고 계시며 대학생인 오빠가 한 명 있는 아름다운 하나님의 가정이다.

"예진아! 너는 정말 복이 많은 아이 같구나. 하나님께서 너와 네 가족을 무척 축복하시는 것 같아."

내가 이렇게 말하면 예진이는 부끄러워하며 이렇게 말하곤 했다.

"아녜요, 선생님. 고맙습니다."

나는 예진이가 하나님의 사람으로 아름답게 서 가길 기도하며 시간이 날 때마다 격려하려고 애를 썼다.

갈등과 결단 그리고 축복

시간이 갈수록 예진이가 공부에 대한 욕심을 넘어 집착이 강하다는 것을 알게 되었다. 우리 아이들이 겪는 갈등은 학원과 하나님, 아니 공부와 하나님의 사이에서 나타나고 있는 갈등이다. 사실 믿음이 바로 선 사람은 갈등이라고 할 수 없는 성질의 것이다. 공부때문에 하나님을 찾는 믿음이 아니라, 하나님 안에서 공부도 가능하다고 믿는 믿음이 바른 것이기 때문이다. 그러나 우리 아이들은 그 경지에 이르지 못한 아이들이 많다.

교회에 다니시는 학부모님들의 사고는 더하다. 그래서 아이들을 바르게 양육하기가 더 어렵다. 다른 것보다 공부와 믿음에 관해서는 아이들과 부모에게 있어 항상 갈등의 연속이며, 이러한 사실은 교회의 교역자들과 교사들, 그리고 나와같은 학교의 기독교사들의 걱정을 증폭시키는 것이기도 하다.

믿었던 예진이도 영훈찬양제를 앞두고 어찌해야 좋을지 망설이는 것을 발견했다. 그러나 예진이는 기도하며 우선순위를 정하는 지혜로 연습 시간을 정했고, 그 후 예진이는 앞서서 찬양제를 리드하기 시작했다. 사랑과 은혜가 넘치는 찬양제를 하나님께 올려드린 얼마 후 예진이는 하나님께 큰 상을 받았다.

예진이는 1학년 때부터 한 교회에서 주는 장학금을 받고 있다. 등록금에 해당하는 금액과 더불어 그 교회에서 주관하는 수련회에도 초청 받아 참여하는 특혜를 누리게 된 것이다. 본래는 1년으로 끝나는 것이지만 이어서 더 받게 된다는 소식을 접하게 되었다.

사실 예진이네는 물질적으로 넉넉하지 못한 가정이다. 아버지의 수입으로 어머니를 포함한 아들과 딸 세 명의 등록금을 감당하기 쉽지 않기 때문이다. 이 소식을 들은 가족들이 무척 기뻐했음은 두말할 나위도 없다.

"예진아, 정말 잘 됐다. 하나님께서 널 얼마나 사랑하시는지 잘 알겠어."

예진이는 부끄러워하며 웃었다.

"감사합니다. 선생님. 모두 하나님 은혜예요."

기도하며 전교 1등을

예진이는 찬양제가 끝난 후 무섭게 공부하기 시작했다. 물론 학교에서의 예배와 점심찬양 그리고 성경공부에 참여하면서 말이다. 독하게 공부에 전념하는 그 모습과 열정도 하나님께서 예진이에게 주신 하나님의 특별한 선물이었다.

결국 예진이는 2학년 말 문과, 이과를 통틀어서 전교 1등을 하였다. 하나님을 제대로 믿는 아이가 기도하며 공부해서 하나님께 영광을 올려드리는 것은 큰 기쁨 중의 하나다. 그래서 우리 아이들이 믿음 생활과 더불어 지식의 측면에서도 하나님의 영광을 위해 공부를 잘하도록 우리는 격려하고 도움을 주어야 하는 것이다. 그러나 자칫 잘못하다가는 공부가 우상이 될 수도 있다.

예배를 소홀히 한다든가 말씀과 기도 생활을 소홀히 하면서까지 공부에 전념하는 것은 자신의 인생에 있어서 큰 손해다. 하나님이 도외시 된다는 것은 결국 하나님 이외의 우상이 자리잡기 시작했다는 것을 뜻하기 때문이다. 그래서 고3으로 올라갈수록 우리 아이들의 기도 시간은 더 많아져야 한다. 그만큼 갈급한 마음이 하나님께로 향해야 하는 것이다.

특히 기독학부모 중에서 고3인 자녀들에게 이렇게 말하는 부모들이 있다.

"기도는 내가 다 할 테니까 너는 공부만 해라."

이 말은 자신의 자녀를 죽이는 행위다. 영적으로 죽어라 하는 것이다. 이런 분들이 혹시 계시다면 이 분은 자녀가 아니라 자신의 믿음을 놓고 더 기도해야 할 것이다. 내가 기도해서 자녀가 공부의 축복을 받는 것이 목적이 아니라, 우리의 자녀들이 자신의 삶을 주관하시는 하나님과 항상 동행하는 법을 가르치고 또 믿음의 부모로서의 모범을 보이는 것이 바른 모습이다.

나는 예진이에게 문자로 축하했다.

"예진아! 공부를 통해서 하나님의 영광을 드러낸 너는 보물이야."

바로 예진이에게서 답문자가 들어왔다.

"선생님 기도 덕분예요, 고맙습니다."

잠적, 그리고 겨울수련회

그런 예진이가 잠적을 했다. 아니, 아이들 말로 잠수를 탔다.

겨울방학 보충 수업도 전혀 나오지 않고 전화도 끊었다(아이들은 전화 불통을 '끊었다'고 표현한다). 기독학생회의 다른 아이들도 예진이의 소식을 전혀 모르고 있었다.

아침에 기도하는 며칠 동안 예진이에 대한 안타까운 마음이 가슴을 짓눌렀다. 이 마음은 무엇일까. 우리 아이들을 위해 매일 기도하다 보면 기쁜 마음이 있고 그렇지 않을 때가 있다. 예진이에게 어떠한 방법을 쓰든지 연락을 취해야 할 것 같았다. 그래서 예진이 어머니에게 문자를 보냈다.

"예진이가 전혀 연락이 안되네요. 전화 하라고 해 주세요, 어머니."

예진이 어머니는 교회 수련회 중이라고 하시며, 예진이는 스파르타 학원에 다니기 때문에 아침 7시에 나가서 12시가 넘어 집에 들어온다고 답했다. 나는 다시 문자를 보냈다.

"어머니 12시가 넘어도 괜찮습니다. 꼭 전화 하도록 해주셔요."

겨울수련회가 다가오는데 예진이는 꿈쩍도 하지 않았다. 며칠 후 전화로 얘길 나눈 예진이는 지금까지의 모습과는 사뭇 다른 느낌이 왔다. 기도를 할수록 예진이는 공부에만 빠져 있다는 생각이 들었다. 전교 1등이 된 부담감, 그리고 떨어져서는 안된다는 강박관념, 이제 고3이 되니까 최선을 다해야 한다는 열심, 모든 것 다 좋지만 가장 중요한 한 가지를 예진이가 소홀히 하고 있다는 생각이 들었던 것이다. 하나님을 생각지 않고 하는 공부…. 예진이도 많은 아이들처럼 그 과정을 거치고 있었다.

안타까운 마음과 더불어 이 아이를 그냥 두어서는 안된다는 생각이 나를 지배했다. 겨울수련회에 꼭 참여케 해달라고 매일 하나님께 매달렸다.

수련회에서 회복을

겨울수련회 둘째 날 아침까지 예진이는 오지 않았다. 그날 오후 기독학생들이 영화를 보는 순서였다. 깜깜한 가운데 아이들은 앉아 있거나 누워서 영상을 보고 있었다. 나도 한쪽에 누워 있었다. 그런데 어디선가 조용히 부르는 목소리가 들렸다.

"선생님."

예진이였다. 예진이가 내 머리맡에 고개를 숙이고 앉아 있었다. 나는 순간 꿈을 꾸고 있는 듯한 착각에 사로잡혔다. 그러나 분명한 예진이였다. 예진이가 수련회에 온 것이다. 나는 반가운 마음에 왈칵 눈물이 쏟아질 듯했다. 예진이의 손을 잡으며 말했다.

"왔구나, 잘 왔다. 우리 기도부터 하자."

나는 예진이와 함께 하나님의 이름을 부르며 여기까지 인도하심을 감사하는 기도를 드렸다.

예진이는 그날 밤 많은 은혜를 받았다. 집회 중에 앞에 나와 이야기 하는 시간에 예진이는 이렇게 말했다.

"정말 공부만 했어요. 결심을 했거든요. 그런데 공부를 하는데도 마음이 불안하고 그런거예요. 원래 수련회 올 생각은 전혀 없었는데… 선생님하고 통화하고 또 이렇게 하나님 안 만나면 안된다는 생각도 들고… 그래서 왔어요. 근데 오길 정말 잘했다는 생각이 들어요."

하나님께서는 다시 한 번 예진이의 마음을 만지고 계셨다. 공부에 대한 엄청난 부담감을 하나님의 넓으신 사랑으로 바꾸고 계셨다.

GBS와 글로벌 시대의 리더십

수련회 사흘 째 날 아침, 이제 우리가 사용했던 장소를 깨끗이 정리하고 마무리하는 시간, 나는 아이들에게 청소를 부탁한 후 예진이를 데리고 교회 옆 다른 공간으로 갔다. GBS를 하기 위함이었다. 전체 네 번의 성경공부, 예진이에게 꼭 필요하다는 판단이 들었기에 압축을 해서라도 하고자 했다. 예진이는 자기 한 사람을 위해서 선생님이 따로 성경공부를 하겠다는 것에 사뭇 놀라는 눈치였다.

우리는 성경공부를 시작했다.

가치관의 정립과 죄, 분노와 화, 열등감의 두 가지 모습, 사랑, 시너지 효과에 대한 것 등 총체적인 것들을 7단원을 통해 살폈다. 예진이는 매우 흥미롭고 즐거워했다.

"선생님, 사실은요. 저는 제 자신에 대해 큰 열등감이 있거든요. 그런데 사람들은 제가 생각하는 것보다 더 큰 기대치로 저를 보는 것 같아요. 그래서 힘들 때가 있어요."

하나님께서는 예진이의 마음을 조금씩 만지고 계셨다. 하나씩 고백해 나가는 예진이의 얼굴이 수련회에 올 때와는 달리 밝아지고 있었다. 한 시간 동안의 성경공부를 마무리하며 나는 예진이에게 말했다.

"예진아! 사실 너에게 가장 큰 기대를 갖고 계신 분은 하나님이시란다. 선생님도 하나님의 마음을 품고 너에게 기대감을 잃지 않는 것이고, 하나님께서 기도하는 너희들에게 주시는 여러 축복이 있는데 너에게는 공부를 잘하는 지혜를 주신 것 같아. 그러니까 열심히 공부하렴. 물론 기도 생활이 우선이고, 이제 절대 잊지 않겠지?"

예진이는 나와 눈을 마주치다가 고개를 숙였다.

"네."

나는 계속 말했다.

"예진아! 너와 연락이 잘 안될 때 하나님께서 너를 위해 계속 기도하게 하시더구나. 그리고 이렇게 네가 온 것이고. 예진아! 세상은 이제 글로벌 시대라고 하지 않니? 하나님께서 세계를 품으라고 하니까 마음을 크게 열고 나아가렴. UN사무총장이 우리나라 사람이 되는 세상 아니니? 앞으로 미국 대통령이 우리나라 사람일 수도 있는 거고, 그렇지 않니? 이제 글로벌 시대에 글로벌 리더십을 가진 사람이 필요한 때야. 예진아! 네가 그렇게 되길 바라며 기도하마. 하나님의 영광을 위해 더욱 기도하며 최선의 노력을 다하렴. 하나님께서 너를 멋진 하나님의 사람으로 만들어 주실 거야. 선생님이 더 기도하마."

말을 계속해가는 나의 눈에는 형언할 수 없는 눈물로 가득 찼고 예진이의 눈에도 눈물이 가득했다.

하나님께서는 잠시 갈등과 방황 속에 있던 예진이를 수련회에 참여하게 하시고 다시금 새롭게 일어설 수 있는 기회를 허락하시며 나를 통해 끊임없이 격려하고 계셨다.

 # 하나님 안 믿는데 기도해도 되나요?

〈울보선생〉의 논술특강

금년에도 학교에서 논술특강반이 만들어졌다.

이 논술특강반은 정규수업을 마치고 진행하는 별도의 수업을 말하는데, 철저히 학생들이 자율적으로 신청하고, 담당교사와 학생들의 협의 하에 조절하며 진행할 수 있다는 장점이 있다. 나는 수요반을 맡게 되어 〈울보선생〉의 논술특강으로 이름을 붙였다.

하나님께서는 누구에게나 고유의 은사를 주셨다. 말을 잘하거나, 무엇을 잘 만들거나, 달리기를 잘 하거나 하는 것 등등.

이 세상을 살아가면서 우리가 깊이 생각해야 할 것은 나에게 없는 99가지를 생각하며 주눅 드는 것보다 나에게 있는 한 가지를 가지고 힘차게 살아나가는 것이다. 하나님께서는 분명 나에게 한 가지 이상의 은사를 선물로 주셨다.

하나님께서는 나를 국어교사로 만드셨다. 가르치는 은사와 더불어 글을 쓰는 은사를 더하여주셨다. 단순한 직업이 아니라 하나님의 소명을 깨닫기 시작하면서 이 직업은 영혼구원의 거룩한 도구로 바뀌게 됨을 깨닫게 하셨고 또 사용하고 계셨다.

학생들이 가장 골치 아파하고 힘들어하는 논술특강의 강사로 세워주신 것도 단순히 세상 지식만을 가르치기 위함은 아니다. 가르치고 쓰고 말하는 은사를 주신 하나님께서 원하는 삶을 살아나갈 때 하나님께서는 순종하는 나를 통하여 그분의 거룩한 영혼 구원의 결실을 맺으신다.

"그런즉 너희가 먹든지 마시든지 무엇을 하든지 다 하나님의 영광을 위하여 하라."(고린도전서 10:31)

센터에서 기도하며

2학년 남녀학생 9명이 그 대상이었다. 그 중 교회에 출석하는 아이는 3명이었다. 더욱이 신실하게 하나님의 사명을 마음에 새기며 공부하는 아이는 영란이 한 명 뿐이었다. 나는 기도하며 수업을 준비했다. 영훈고 2학년에서 성적이 매우 우수한 학생들의 모임인지라 철저한 수업준비를 해야 했고, 무엇보다 영적인 필요를 채우며 하나님을 만나게 해야 하는 사명이 나에게 주어진 근본적인 것인지라, 더 많은 기도가 필요했다.

학교 교실에서 책상을 동그랗게 하고 토론 하는 형태가 대부분인 논술 특강 시간. 이야기를 나누는 시간에 성령님께서 간섭하시기를 기도했다. 그러한 가운데 이 논술특강 수업을 학교 앞 영훈선교문화센터에서 하면 좋을 것이라는 마음을 주셨고, 또 구체적인 프로그램에 관한 지혜도 주셨다.

영훈선교문화센터는 영훈고 앞에 기독동문들이 중심이 되어 세운 공간이다. 이곳에서 기독학생, 교사, 동문 등등의 모임이 이루어지고 또 예배와 수련회, 쉼터로도 사용되고 있는 아늑한 곳이다. 방처럼 꾸며진 공간에서 자유롭게 둘러앉아 마음껏 토론하고 공부할 수 있다는 마음을 주셨다.

아이들도 매우 좋아했다. 아이들은 자신들만의 공간을 매우 그리워한다. 경우에 따라 학습을 하더라도 분위기와 환경을 바꾸어가며 학습할 수 있는 변화의 장치도 필요하다는 생각을 하게 된다. 센터에서 기도하며 수업을 시작했고 아이들도 조별토론, 전체토론 그리고 글을 써오며 본격적인 수업을 하는 중이었다.

선배와의 대화

하나님께서는 이 아이들을 끊임없이 격려하라고 말씀하셨다. 나는 즉각 순종하여 문자로, 전화로 대화를 나누고자 했다. 아이들은 선생님의 자그마한 배려에 무척 기뻐했다.

그러던 중 하나님께서는 선배들과의 특강 시간을 할애하라는 마음을 주셨다. 고등학교 재학생들에게 있어 대학생 선배는 동경의 대상이다. 그러므로 아이들과 호흡을 맞출 수 있는 선배를 초청해 이야기를 나눌 수 있는 장치를 만든다면 그 효과는 매우 클 거라는 기대감이 들었다.

나는 초청해도 좋을 만한 졸업한 아이들을 알려달라고 기도했고 하나님께서는 몇 명의 졸업생 제자들을 구체적으로 보여주셨다. 그래서 그 제자들에게 협조를 요청했고, 그 아이들도 기쁜 반응을 보였다. 먼저 기독신앙을 가진 아이들을 중심으로 영적으로 지식으로 충만한 아이들을 초청한 것은 당연하다. 자연스럽게 복음을 접할 수 있는 연결고리가 될 수 있다는 생각에서였다.

선배와의 대화 시간은 대성공이었다.

단순히 세상 지식만을 전달하는 것이 아닌 동경하는 대학에 대한 이해와 추구해야 할 비전 정립, 그리고 바로 앞에서 자신들과 이야기를 나누는 선배처럼 자기도 그렇게 되기 위해서 지금 당장 해야 할 일이 무엇인지를 생각하고 깨닫고 나아가야 한다는 결심의 고백 등등 특강반 아이들은 큰 기대감을 가지고 좋아하였다.

아이들은 매주 선배들과의 대화 시간이 있었으면 좋겠다고 나에게 요청했다. 나는 지혜를 주신 하나님께서 감사하며 연세대, 한양대, 서울대, 홍익대 등등으로 진학한 아이들을 계속해서 초청했다.

변화하는 아이들

아이들은 변화하고 있었다. 기도하는 데도 익숙해지고 나눔의 시간이 더 풍성해지고 있었다. 2시간 예정 수업이었지만 보통 3시간, 어떤 경우에는 4시간을 지나는 때도 있었다. 하루 밤을 보내면서 밤이 다 가도록 토론을 하면 좋겠다는 얘기가 나올 정도로 아이들은 좋아했다. 자연스럽게 신앙의 이야기도 나오고 있었다. 나는 인도하시는 하나님께 순간순간 감사하여 눈시울이 붉어지곤 했다.

학교 수업을 통해서도 자연스럽게 아이들에게 복음을 전할 수 있는 방법을 하나하나 알려주시는 하나님. 그저 나는 기도하며 겸손히 순종하면 된다는 생각이 들었다. 모든 것은 하나님께서 직접 진행하시는 것이니까….

연세대를 다니는 샤론이가 온 날도 후배들과의 진지한 대화가 이어졌다. 샤론이는 특히 기도하며 공부했던 일들을 증거 하였고 하나님의 인도하심으로 대학에 진학하는 이야기도 나누었다.

모든 순서를 마치고 헤어질 무렵, 현관에서 신을 신던 정수가 물어왔다.

"선생님, 전 아직 하나님을 안 믿는데 기도해도 되나요?"

나는 웃으며 정수에게 말했다.

"오! 정수야. 기도하고 싶은 마음이 들었구나. 참 감사하다. 그런데 하나님을 안 믿는데 기도라, 그건 좀 곤란할 것 같은데…."

나는 잠시 고민했다. 하나님을 믿지 않으면서 그냥 기도하라고 할 수도 없고, 또 기도하겠다는데 하지 말라고 하기도 그렇고….

순간 하나님께서 음성을 들려 주셨다.

"아! 정수야. 이렇게 하면 어떻겠니? 내가 하나님이 어떤 분이신지 설명해 줄게. 그러니까 오늘 기도하고 싶으면, 하나님 저는 아직 하나님을 잘 모릅니다. 하지만 선생님이 기도하고 계시는 하나님이 저와도 같이 계신다면 제 기도를 들어주세요. 꼭 들어주실 줄 믿고 기도합니다."

정수는 그렇게 하겠다고 고개를 끄덕였다. 나는 정수의 어깨에 손을 얹고 하나님의 임재하심이 정수에게 있기를 소망하며 기도를 드렸다. 정수의 얼굴이 환해졌다. 하나님께서 정수를 만나기로 작정하셨다는 확신이 들었다. 참으로 감사하고 기쁜 순간이었다.

팔 떨어져 죽는 줄 알았어요

그러면 저는 뭐하죠?

대입 수능일이 되기 한 달 전부터 고3 수업 교재의 진도는 거의 다 끝났다. 아이들은 나름대로 정리할 시간을 요청했다.

"여러분! 그것도 좋긴 한데 그러면 여러분들이 하고 싶은 과목 정리할 때 저는 뭐하죠? 그러면 제가 심심하잖아요."

그 때 아이들은 약속이나 한 듯이 말했다.

"선생님은 저기 한쪽에서 기도하고 계시면 되잖아요."

아이들은 "와!"하고 웃었다. 나도 유쾌하게 웃으며 말했다.

"그것도 좋은 방법이긴 하네요. 좋습니다. 그러면 한번 생각해보고 적당한 때부터 하기로 하죠."

그리고 며칠 후 아이들과의 약속대로 나는 아이들에게 나름대로 공부할 시간을 허락했다.

하나님께서는 나에게 매시간 수업을 시작하기 전 아이들과 함께 기도하는 것을 허락하셨고 나는 매년 순종하고 있었다. 또한 일주일에 한 번씩 고3기도회를 통해서 백 명이 넘게 참여하는 고3 학생들에게 힘을 부어주고 계셨다.

아이들에게 공부할 시간을 주고, 한 쪽에서 그 학급의 아이들 출석부를 놓고 기도하던 중 하나님께서는 나에게 다음과 같은 마음을 주셨다. 그것은 바로 아이들이 자신의 구체적인 기도 내용을 적은 기도요청문을 받아서 기도하라는 것이었다.

나는 수업을 마치고 곧 '저를 위해 기도해주세요!' 라는 제목으로 A4 용지 반 크기로 기도요청문 양식을 만들었다. 그리고 그것을 가지고 수업에 들어갔다.

"여러분! 선생님이 여러분을 놓고 기도하고 있는 것 아시죠? 그런데 기도를 하다보니까 여러분들의 구체적인 기도 제목을 알면 더 좋겠다는 생각이 들었어요. 그래서 오늘 이 용지를 가지고 왔습니다. 최대한 자세히 적고, 혹시 정말 비밀스러운 이야기라서 선생님에게도 말하기 어려운 것이라면 무기명으로 해도 좋습니다. 그러나 가급적 본인의 이름을 밝혀주면 기도할 때 더 좋겠습니다.

아이들은 내 설명이 끝나자마자 곧 기도요청문을 작성했다.

저를 위해 기도해 주세요

아이들의 기도요청문을 읽으며 나는 울고 또 울었다. 울며 기도하고 또 기도하며 울었다. 아픔을 끌어안고 사는 우리 아이들. 바로 이 땅의 청소년들의 모습이 여실히 드러났다. 가장 많은 기도 제목은 비전과 학업, 그리고 가정에 관한 것이었다. 특히 부모님에 대한 사랑과 안타까움을 표현한 기도 제목은 가슴을 절절하게 했다.

"저는 수능이 끝나면 더 바빠질 미술을 공부하고 있어요. 제가 하고 싶어서 시작하긴 했지만, 부모님께 너무 죄송해요. 경제적 부담이 크잖아요. 요새 경기도 안 좋은데 수능이 끝나면 300만 원이라는 큰돈도 들어가고요. 그리고 이러다 대학 못 들어가면 어떡하죠? 꼭 한 번에 대학에 들어갈 수 있게 기도해 주세요." 고O진

"집안 형편이 너무 안 좋아서 부모님이 미안하다고 하실 때마다 속상해서 눈물이 납니다. 그런 저를 보면서 부모님이 속상해하지 않도록, 굳은 마음 가질 수 있도록, 눈물이 나지 않도록 기도해 주세요." 윤O미

"아직도 어떤 과를 가야할지 정하지 못했습니다. 제가 비전을 찾아갈 수 있도록 기도해 주세요." 최O미

"수시 등급 2등급이 목표입니다. 열심히 노력하고 있는데 너무 불안한 마음이 들어요. 수시 면접도 잘 치를 수 있게 기도해 주세요." 임O빈

"다른 사람에게 희망을 주는 사람이 되고 싶어요. 그래서 사회복지학과를 가고 싶어요. 꼭요. 기도 부탁드립니다." 이O선

"어젯밤에 엄마, 아빠가 싸우셨는데 화해를 안 하셨어요. 평소에 싸우시면 금방 화해하셨는데, 아빠께서 소리도 지르시고 밤늦게 혼자 거실에 앉아 계신 모습을 보고 많이 가슴 아팠어요. 그리곤 제 방에 와서 미안하다고 하셨는데 마음이 무척 아파요. 아빠, 엄마가 많이 걱정스러워요. 수능도 얼마 안 남았는데. 선생님! 어쩌죠? 저 기도해 주세요." 이O기

"당장 눈앞에 있는 대학 입학보다는 더 큰 미래를 준비할 수 있도록 비전을 주시고 저 하나보다는 전 인류를 위해서 사는 인생을 주시길 기도합니다." 권O경

이외에도 기도요청문의 내용 가운데는 '남자 친구와 꼭 결혼하게 해 주세요', '수능 대박 나게 해 주세요', '제 친구를 위로해 주세요' 등이 있었다.

250명의 기도요청문을 시간이 허락하는 대로 들추며 기도하고 또 기도하는 날들이 계속되었다. 종합해 보건대 수능을 앞둔 아이들에게 가장 필요한 것은 평안이었다. 세상이 줄 수 없는 평안을 아이들에게 허락해달라고 하나님께 구하며 매일 기도했다. 아이들은 수능일이 다가올수록 더 불안해했지만, 속마음과는 달리 겉으로는 여유로워 보였다. 먹기도 무척 많이 먹어대고 있었다. 아마도 불안함을

잊기 위한 방편이었을 것이다. 나는 모르는 척 말했다.
"여러분! 아무래도 제가 기도를 너무 많이 한 것 같습니다. 지금 수능이 며칠 남지 않았는데 여러분들의 모습이 무척 여유로운 것 같아요. 지금쯤이면 조금은 긴장이 되야 하지 않나요? 오늘부터 기도를 좀 바꾸어야 할 것 같습니다. 하나님, 우리 아이들 좀 죄어주세요 하고 말예요."
내 얘기가 끝나자마자 아이들은 깔깔대고 웃기 시작했다.

250통의 기도 엽서를 쓰고

아이들의 기도 제목을 붙잡고 기도하던 중에 이런 생각이 들었다.
'교회를 나가는 아이들이나 기독교반 아이들은 내가 기도하는 것을 분명히 믿을 텐데 그렇지 않은 아이들은 어떻게 생각할까? 혹시 저 선생님이 그냥 하는 소리가 아닌가 하지 않을까? 그렇다면….'
아이들에게 기도엽서를 쓰기로 했다. 그동안 담임했던 반 학급 아이들과 헤어질 때면 엽서를 쓰곤 했다. 그러나 이번 경우는 그 의미가 다소 달랐다. 이 엽서를 쓰는 것은 고3 내가 수업에 들어가는 다섯 학급의 아이들에 대해, 수능의 격려를 통한 복음을 전하기 위한 기도엽서이기 때문이었다.
다섯 학급의 250명가량 되는 아이들. 한 명도 빠뜨릴 수는 없었다. 그리고 일일이 직접 써야 하는 것이기 때문에 정성과 더불어 시간도 그만큼 투자해야 했다. 그러나 그러한 것은 문제가 되지 않았다. 아이들에게 힘을 주고 격려가 되며 또 복음이 전달되는 도구의 역할이라면 감사히 순종할 수 있다는 생각이 들었다.

문구점에서 앞면에 성경 말씀이 적혀 있는 엽서 300장을 샀다. 그리고 아이들의 기도 제목을 읽으며 엽서의 뒷면에 격려의 글과 기도문을 썼다.

세이야! 고3의 말. 사랑과 평강, 담대함과 지혜가 너에게 넘쳐 대학과 그 앞의 미래까지도 아름답게 펼쳐지길 기도할게.
주님! 세이를 강한 팔로 붙드셔서 대학으로 인도해 주시고 멋진 비전 이루어 주실 줄 믿습니다. 세이를 지켜주소서. 아멘!

예리야! 어제 고3기도회에 온 널 보고 얼마나 기뻤는지. 항상 주님과 동행하는 삶이되길 기도한다. 앞의 성경 말씀을 보렴. 축복의 말씀이야. 너와 함께 하시리라 믿는다. 힘내라.
주님! 예리와 끝까지 함께 하실 줄 믿습니다. 대학으로 인도하시고 멋진 비전 이룰 수 있도록 축복하실 줄 믿습니다. 예리를 꼭 만나주시리라 믿습니다. 아멘!

이러한 기도 엽서를 쓰며 출석부를 복사한 아이들의 사진과 기도 제목을 대조하였고, 쓰는 동안 그들의 깊은 마음이 내 가슴에 전해져 팔이 아픈 줄도 몰랐다. 조금이라도 아이들이 힘을 얻을 수 있기를, 그리고 이 과정을 통하여 한 아이라도 더 예수님을 만나게 되기를 기도했다.

감동과 격려

아이들은 손뼉을 쳤다. "와!"하고 탄성도 질렀다.

다 커서 숙녀 같은 고3 여학생들은 감동의 눈빛으로 자기에게 쓴 엽서가 불려지기를 기다렸다. 그다지 길게 쓰지도 않은 비뚤배뚤한 글씨지만 아이들은 정말로 좋아했다. 무척 활달한 수경이가 유난히 소리를 죽이며 말했다.

"선생님, 감사해요. 이런 엽서는 처음이에요."

"그래, 수경아. 힘내고 꼭 예수님 만나면 좋겠다. 너 교회 안 나가지?"

수경이는 붉어지는 얼굴을 감추지 못하며 말했다.

"네, 알겠어요. 선생님."

한 학급에 나누어주었더니 옆 반에서 난리다. 자기들 것은 언제 주냐 하는 것이다. 한 장 쓰는데 약 3분가량만 잡아도 한 반 50명을 쓸라치면 2시간이 넘게 걸린다. 할 수 없었다. 쓸 수밖에…. 어떤 날은 쓰다쓰다 팔이 아파 하나님께 이렇게 하소연했다.

"하나님, 이거 괜히 시작했나요? 아니죠? 근데, 사실 팔은 엄청 아프네요."

일주일가량을 엽서와 씨름했다. 그리고 내가 수업에 들어가는 고3 학생들 모두에게 엽서를 전달할 수 있었다. 아이들은 생각했던 것보다 더 기뻐했다. 그 모습을 지켜보며 나는 아이들에게 자신 있게 말했다.

"여러분! 혹시 제가 여러분들 위해서 기도한다고 했을 때, 정말 저

선생님이 기도할까 의심했던 사람이 있으면 잘 들으세요. 어때요? 저, 여러분을 위해서 최소한 한 번씩은 확실히 기도한 겁니다. 그렇죠?"
"네!"
아이들의 박수 소리가 교실에 가득 찼다.

출석부를 펼치고 기도하며

수능을 일주일 앞두고 나는 출석부를 펼치고 아이들 앞에서 기도하기 시작했다. 1번부터 마지막 번호의 아이까지 한 사람 한 사람 이름을 부르며 기도했다. 대학뿐만 아니라 그 이후의 삶까지도 인도해 달라는 기도. 아이들의 입에서 처음에는 '피식' 웃음이 삐져나오는가 했더니 갈수록 진지해졌고, 수능을 하루 앞둔 날 기도할 때는 아이들의 숨소리조차 들리지 않았다.

주님의 인도하심을 구하며 나아가는 아이들, 기독교학교도 아닌 곳에서 주님의 인도함을 받는 우리 아이들을 통한 하나님의 역사하심을 기대해 본다. 주님 주신 산지를 향하여 한 걸음 더 내딛는 우리 아이들과 이 땅의 청소년들에게 주님이 주시는 비전과 지혜와 담대함이 함께 하시기를 기도한다.

오늘 마지막 수업을 마치며 나는 큰 소리로 아이들을 향해 외쳤다.
"애들아! 걱정하지 마라! 이번 수능 대박이니까!!!"

꼭지 둘

관계

학급 도난 사건
감사 이유 스무 가지
편지 고백
은혜롭게 망가진 선생님
교문을 열고 싶어요 1
교문을 열고 싶어요 2
이성교제는 안 돼요
명품인생을 위하여
위제트 샘을 사랑하는 39가지 이유
저 '왕따' 예요
제 발로 찾아오는 아이들
척추가 휘었어요

학급 도난 사건

교사의 골칫거리

"선생님, 돈이 없어졌어요. 제 물건이 없어졌어요."

학급 담임을 하며 곤경에 처할 때가 여러 번 있지만, 가장 힘든 때는 학급에 도난 사건이 일어날 때가 아닌가 싶다. 특히 한 해의 학급 운영을 자율적으로 하기로 구상하는 교사라면 이러한 도난 사건은 더욱 큰 충격으로 다가올 수 있다.

그래도 경력이 있는 교사는 나름대로 처리 방법을 고심하며 해결하고자 한다. 아이들 마음에 호소해보기도 하고, 비밀에 붙일 테니까 담임교사의 책상에 가져다 놓으라고 말하기도 한다. 그러나 그렇게 해서 사라진 돈이나 물건이 주인에게 돌아올 확률이 거의 없음을 잘 알기에 결국 교사의 무능을 탓하든가, 아니면 학생들의 잘못을 질책하며 단체 기합이나 매를 사용할 때가 많다.

돈이 없어졌어요

수 년 전, 중학교 남학생반을 담임했던 적이 있다. 전교에서 유명한 말썽꾸러기들의 집합인 학급, 그럼에도 나는 자율적이고 개성적인 아이들의 모습을 지향하고 있었다. 말썽은 끊이지 않았지만 아이들은 항상 활기찼다.

우리 반 국어 수업에 들어갔더니 영식이가 울상을 지으며 말했다.
"선생님, 제 돈이 없어졌어요."
나는 흠칫 놀라며 다시 물었다.
"아니, 돈이라니. 어디에 두었는데?"
"책상 안에요. 제 책 사이에다 끼워 뒀거든요."
학교에 낼 돈으로 엄마에게 삼만 원을 받아왔는데 그것이 없어졌다고 했다.

어찌하면 좋은가

나는 순간 마음이 상했다. 항시 말썽이 많은 아이들이지만 그래도 신뢰하고 기대하는 맘으로 여기까지 왔는데 도난 사건이라니….
나는 마음을 가다듬고 영식이에게 물었다.
"혹시 다른 데 두고 그러는 것은 아니니? 잘 생각해 보렴. 친구들을 아무나 의심할 수는 없잖니?"
영식이는 울먹이며 말했다.

"정말이에요, 선생님."

나는 조용히 말했다.

"그래, 그럼 어떻게 하는게 좋을까? 혹시 네 주위를 살핀다든가 네 자리에 와서 오랫동안 앉아있다든가 하는 아이는 없었니?"

"잘 모르겠어요."

나는 잠시 생각했다.

'결국 이렇게 해서 범인을 잡아내면 어찌 처리해야 하나? 그리고 그 잡힌 아이는 정상적으로 학교생활을 할 수 있을까? 순간의 실수라면, 도둑으로 낙인찍힌 남은 학교생활을 하게 되는 것은 너무 큰 벌 아닌가? 그렇다고 그냥 지나갈 수도 없고, 학급의 아이들도 모두 알고 있으니 더욱 그냥 지나갈 수도 없고….'

대자보를 쓰는 아이

나는 마음에 결정을 내리고 영식이에게 말했다.

"영식아, 이렇게 잃어버린 돈이 쉽게 돌아오리라는 것은 애초부터 기대하지 않는게 나을 지도 몰라. 게다가 우리 반 친구가 순간적인 욕심에 네 돈을 훔친 것을 잡아냈다고 할 때 그 친구는 도둑이라는 낙인이 찍힌 상태에서 학교생활을 하게 될 거야. 그렇다고 그냥 있을 수는 없는 일이구, 네 입장에서는 최선을 다해 그 돈을 찾아야 하는 것이 또 당연한 거구…."

영식이는 조용히 듣고 있었다.

"그래서 이렇게 하면 어떨까 해. 네가 간곡하게 대자보를 쓰는 거야."
영식이는 놀란 눈으로 나를 주시하였다.
"대자보大字報라는 것은, 큰 종이에다 솔직한 네 마음을 쓰는 거야. 무엇에 필요한 돈이고 또 돌려주면 가지고 간 사람은 누군지 비밀에 붙일 테니까 돌려달라고 말이야. 그렇게 몇 장을 써서 우리 반과 또 혹시 모르니까 다른 반에도 붙이면 좋겠다. 선생님도 수업 시간이나 우리 반 종례 때 간곡히 얘기 하마."
영식이도 다른 방법이 없다는 것을 알고 있기에 내 말을 쉽게 받아들였고, 바로 다음 날 대자보 다섯 장을 써 왔다. 몇 일까지 담임선생님께 맡기든지 아니면 자기 책상에 넣어달라는 나름대로 간곡한 글이었다. 각 학급 담임 선생님의 양해를 얻어 교실 뒤에 붙였다.

선생님 책상서랍 안에 있더구나

영식이가 대자보에 써 놓은 기한의 마지막 날.
나는 아침에 영식이를 교무실로 불렀다. 그리고 내 교무실 책상서랍을 열어 보았다. 그 안에는 고스란히 삼만 원이 들어 있었다.
"영식아, 보렴. 돈이 돌아왔구나. 네 대자보가 큰 힘을 발휘한 것 같아. 역시 우리 반 녀석들은 멋진 놈들이야. 안 그러니? 영식아."
영식이는 도저히 찾을 수 없다고 생각했는데 이렇게 찾게 된 것이 너무 즐거웠는지 얼굴에 함박웃음을 띠고 있었다.
"선생님, 감사합니다. 우리 반 정말 멋져요."

"하지만 네가 보관을 잘못한 것으로 이 일이 생긴 거니까 다음부터는 주의해야 한다. 알겠니? 괜한 친구를 의심할 수도 있는 거니까 말이야."

"예, 선생님."

나는 활짝 웃는 영식이를 데리고 교실로 들어섰다. 그리고 말했다.

"역시 여러분은 참 멋진 친구들입니다. 오늘 아침에 영식이가 잃어버렸던 돈이 돌아왔어요. 선생님 책상서랍 안에 삼만 원이 있었습니다. 아마도 어떤 친구가 장난으로 가지고 갔던 것 같습니다. 하지만 이렇게 돌아온 것이 정말 멋지지 않나요? 자, 우리 잠시 실수했던 그 친구와 영식이, 그리고 우리 모두를 위해 다같이 박수 합시다."

아이들은 환호성을 지르며 손뼉을 쳤다. 그러나 함께 손뼉을 치는 나의 마음 한 쪽은 허한 바람이 이는 듯했다.

용서의 기대

사실 그 돈, 삼만 원은 내가 서랍 안에 넣어 둔 것이었다.

아무리 고심해도 해결 방법은 없었다. 그렇다고 영식이를 탓하는 것으로 일을 일단락 짓는다든가, 또 하염없이 시간을 지체하며 돌아오기를 기다릴 수도 없는 노릇이었다. 학급의 분위기도 문제가 될 수 있었다.

서랍 안에 넣어둔 돈이 영식이의 돈이 아니라는 사실은 나와 돈을 가지고 간 범인, 그 녀석밖에 모른다.

이제 스무 살이 훨씬 넘었을 그 녀석이 살아가는 가운데, 그 때의 도난 사건을 떠올리고 이제라도 나타나기를 기대해 본다.

"선생님, 제가 그때 돈을 가져갔어요. 제가 바로 범인입니다. 용서하세요."

이런 고백으로 나를 다시 찾아주기를….

# 감사 이유 스무 가지

'감사'를 강조하며

우리 아이들을 만날 때 역설力說하는 여러 가지가 있지만 무엇보다 나는 '감사'를 자주 강조하곤 한다. '공부를 잘하게 해주셔서', '건강한 삶을 주셔서', '가정의 화목' 등과 같은 감사하는 이유가 있는 감사도 있지만, 도저히 감사할 수 없을 것 같은 상황에서도 감사하는 것이 진정한 '감사'라고 힘주어 말한다.

이것은 세상적인 생각으로는 이해하기가 불가능한 일이다. 오직 주님께서 주시는 삶의 방식, 곧 성경 속의 삶을 통해서만이 이해도, 실행도 가능하다.

"내가 비천에 처할 줄도 알고 풍부에 처할 줄도 알아 모든 일에 배부르며 배고픔과 풍부와 궁핍에도 일체의 비결을 배웠노라."(빌립보서 4:12)

어떠한 상황에서도 감사할 수 있는 것은 '자족의 원리'를 이해하고 체험할 때이다. 내가 할 수 있는 것이 아니기에 오직 주님께 맡기고 나아가면 문제의 해결, 위로와 감사, 평강과 만족이 생긴다는 것이다. 이러한 사실을 바울은 이렇게 요약했다.

"내게 능력 주시는 자 안에서 내가 모든 것을 할 수 있느니라."(빌립보서 4:13)

감사 이유 스무 가지

이제 또 한 해가 저물고 새해를 맞이할 준비를 해야 할 때다. 한 해를 정리하며 하나님께서 주신 은혜와 감사를 적는 시간을 가졌다.
'한 해 감사의 이유 스무 가지 쓰기'가 바로 그것이다.
먼저 아이들에게 백지를 나눠주고 감사에 관련된 비디오 영상물을 보여주었다. 그것은 '지선아 사랑해'의 주인공 이지선 양의 영상과 '타이타닉'에서 죽어가면서도 아름다운 선율을 연주했던 음악가들의 모습을 담은 영상 등이었다. 말로 하는 것보다 영상을 보여주는 것은 아이들에게 몇 배의 감동으로 다가선다. 아이들은 지선 자매의 예쁜 얼굴에 탄성을 내다가 사고 후의 얼굴을 보고는 괴성을 질렀다. 그리고 그 모습으로 남을 위해 사는 지선 자매의 모습을 보고 감동 어린 얼굴을 하였다.
영상이 끝난 후 잔잔한 음악을 틀어주었다.
'당신은 사랑 받기 위해 태어난 사람'의 답가로 알려져 있는 곡인

'또 하나의 열매를 바라시며'가 바로 그것이다.

"감사해요 깨닫지 못했었는데 얼마나 내가 소중한 존재라는 걸, 태초부터 지금까지 하나님의 사랑은 항상 날 향하고 있었다는 걸, 고마워요…."

아이들은 작은 것에 감동한다. 글을 쓰는 것을 무조건 싫어하는 듯 보이지만 꼭 그렇지만도 않다. 아이들의 마음이 과연 움직일까 염려하기 전에 치밀한 준비와 정성이 교사에게 요구된다.

아이들은 잔잔한 음악을 들으며 스무 가지 감사 이유를 정성들여 썼다. 쓰면서 혼자 웃기도 하고 또 인상을 찌푸리기도 하였다. 간혹 한두 가지를 써 놓고 멍하니 앉아 있는 아이들도 있었지만 대개의 아이들은 스무 가지 이유를 어렵지 않게 채웠다.

아이들이 쓴 감사 이유

"하루하루 인도하심에 감사합니다."
"아빠와 대화하는 시간이 좀더 생긴 것에 감사합니다."
"치아 교정이 아플 거라고 생각했는데 아프지 않아 감사합니다."
"비전을 구하게 하셔서 감사합니다."
"내가 그나마 좀 변화하고 착해진 것 같아 감사합니다."
"우리 엄마, 아빠 이혼하지 않고, 떨어져 살지 않게 되어서 감사합니다."
"소중한 친구들을 제 곁에 있게 해주신 것 감사합니다."

"고민녀에서 조금은 벗어나고 밝게 변하게 된 것 감사합니다."
"아버지께서 아버지학교를 졸업하시고 많이 변화되셔서 감사합니다."
"수능 점수 주신 것 감사합니다."
"건강한 몸과 기도할 수 있는 마음 주셔서 감사합니다."

아이들이 쓴 글은 평이한 것 같지만 깊은 감동이 있었다. 그것은 큰 것이 아니라 작은 것에 감사하는 행복을 아이들이 원하고 있다는 것을 느꼈기 때문이다.

특히 엄마, 아빠에 대한 감사의 이유가 많이 나왔다. 이 결과는 가정에 대한 행복의 소망이 아이들에게 가장 큰 것임을 짐작케 한다. 그러나 아빠가 돈 많이 벌어와 감사하다든가, 집이 부자여서 감사하다는 고백은 거의 없었다.

드러난 결과, 우리 아이들에게 가장 갈급한 것은 비전이었다. 공부를 하고자 하는 욕심이나 소망은 모두 가지고 있지만, 비전이 있는 아이는 매우 드물었다. 비전이 있는 아이들은 자심감이 넘쳤지만 그렇지 않은 아이들은 매우 불안해했다. 비전을 갖지 않은 상태에서의 공부는 반쪽짜리 공부일 가능성이 많기 때문일 것이다.

글을 읽으며

이어서 다 쓴 스무 가지 이유를 읽는 시간을 가졌다. 조명을 밝히고 음악을 깔고 자신이 공개할 수 있는 것만 읽도록 했다. 그러나 아이들은 자신들이 쓴 것을 거의 다 공개했다.

"저는요, 너무 감사해요. 아빠를 도저히 용서할 수가 없었거든요. 특별한 이유도 없어요. 단지 그냥 가정에 무심한 아빠가 싫었어요. 자상하고 따뜻한 아빠들을 보면 얼마나 부러웠는지… 혼자서 얼마나 울었는지 몰라요. 그런데 이번에 하나님께 작정하며 기도했어요. 우리 아빠, 용서하게 해달라구요. 그랬더니 정말 아빠가 불쌍해지구요…."

영은이는 이야기를 하다가 자맥질을 거듭하곤 결국 눈물을 하염없이 흘리고 있었다. 그 모습을 지켜보던 아이들도 울고 있었다. 분위기가 숙연해졌다. 영은이는 이야기를 계속했다.

"정말 우리 아빠가 저를 위해서, 우리 가족을 위해서 얼마나 고생하시는지 느껴지는 거예요. 우리 아빠가 정말 불쌍했어요. 진짜로…."

영은이는 눈물을 주체하지 못한 상태에서 억지로 말을 끝냈다. 나는 앞으로 나갔다.

"여러분, 정말 영은이는 올해 마지막을 감사하게 끝맺고 있지요? 그래요, 여러분도 용서할 수 없는데 용서해야 하는 사람이 있을 수 있다고 봐요. 우리 모두 영은이처럼 그런 마음 달라고 하나님께 기도하면 좋겠어요. 우리 이 시간 발표 순서를 한 템포 늦추고 영은이 위해 축복송 하나 합시다. '너는 시냇가에 심은 나무라' 알죠?"

아이들은 서로 손을 내밀고 축복하기 시작했다.

"너는 시냇가에 심은 나무라 하나님의 사랑 안에 믿음 뿌리 내리고 주의 뜻대로 주의 뜻대로 항상 살리라…."

칠판에 가득 붙여 놓고

이 글들을 뒤 칠판에 각자 붙이게 했다. 이모저모로 다른 글씨체로 쓰여진 종이는 칠판 한가득히 서로 잘 어울리고 있었다. 아이들은 그것을 서로 읽으며 함께 웃기도 하고 깔깔대며 놀리기도 하였다.

생각보다 더 큰 기쁨과 감사가 아이들 사이에 함께 했다.

한 해의 끝 무렵 감사의 마음을 가지고 새로운 해를 맞기를 소망한다.

# 편지 고백

    수업을 마치고 내가 혼자 사용하는 학교 기록보존실의 문을 여는 순간, 한 통의 편지가 바닥에 떨어졌다. 아마도 누군가 문틈에 끼워 둔 것 같았다. 아무 것도 안 써있는 겉봉을 보며 스승의 날을 놓쳐 좀 늦게 보낸 학생의 편지이겠거니 추측하며 꽤 두툼한 편지 봉투를 열었다. 그 편지의 전문은 다음과 같다.

    안녕하세요. 저는 선생님의 수업을 듣는 학생입니다. 이제부터 쓸 말은 선생님께 감동 받은 이야기들이라 이름을 밝히기 쑥스럽네요. 나중에 선생님이랑 인사하기 민망할 것 같아서요.
    저는 3학년입니다. 선생님은 보충 때 몇 번 밖에 못 뵈었지만 제게 가장 인상 깊은 선생님이세요(처음엔 그저 여성스럽고 독실한 기독교인이신 줄만 알았어요).

저희가 들으면 아침부터 다 울 거라고 하시며 읽어주신 시, 컵라면이 식을까 봐 이불에 싸 놓았다는 부분에서 가슴이 뭉클하고 눈물이 난 거 있죠. 그리고 스승의 날을 스승의 날이라고 부르지 않겠다는 말씀, 처음 선생님이 되어 학원 강사와 같은 '가르치는 선생님'이 된 자만했던 모습에서 매일 울고 기도드리며(쌍꺼풀도 생기고) '울보선생님'이 되었다는 말씀…. 그런 말씀의 내용도 내용이지만, 무엇보다 가슴에 푹 꽂히는 것은 그런 자신의 이야기와 슬픈 이야기를 하실 때마다 그렁그렁해지는 선생님의 눈이예요.

저는요, 선생님이란 호칭에 큰 거리감을 가지고 있거든요. 아마도 중학교 때 이후로 더 심해진 것 같네요. 중학교 때 체육선생님이 좀 무서운 분이셨는데, 그날따라 배가 너무 아파서 오래 달리기를 하면서 배를 잡고 겨우겨우 달리고 있었거든요. 근데 그 선생님께서 그렇게 달리는 절 보고 "저건 싸이코라고, 미친년보다 더 미쳤다고." 그런 소릴 너무도 진지하게 하시더래요. 가뜩이나 독특하단 얘길 많이 듣던 제게 선생님의 그 말씀은 충격이었어요. 당시 중학생이었던 제게 선생님은 그런 이미지로 강하게 새겨진 듯해요.

여하튼 저에게 선생님은 너무도 먼 대상이에요. 그 후로 가장 기피하는 장래 희망이 선생님이 되었어요. 사람을 가르치고 그 밑에서 배우는 학생이 있다는 것은 세상에서 가장 어려운 일 같거든요. 물론, 어머니가 된다는 건 더 큰 일이지만요. 저는 독신이고 싶답니다. 그런데요. 선생님은 가슴에서부터 잔잔하게 들어오시는 것 같았어요. 너무도 진솔하게, 과거의 잘못을 미화시키지도 합리화시키지도 않고 반성하며, 그 모습 자체를 통째로 보여주시는…. 처음이었어요. 다른 사람의 눈물에 저까지 눈시울이 젖어오는 거는요 (음… 드라마는 제외할까요?). 아마도, 가슴이 먼저 받아들인 것이겠지요?

저는 영훈고등학교를 배정받고 울었었어요. "쟨 완전 상고에 가게 됐잖아." 영훈고에 와서 3년이 되도록 선생님만큼 영훈고를 사랑한다 하시는 분을 보지 못 했어요. 저는 아직 영훈고를 사랑하지는 않지만 그래도 미워하진 않게 되었어요.

기도는 사람을 변화시킨다고 하셨죠? 선생님의 기도로, 그 마음으로 영훈고의 학생 하나가 약간의 변화를 보이는 것 같아요. 고맙습니다. 세상이 아름다운 게 다시 보이는 것 같다고 하면 너무 상투적인가요? 하지만 그게 사실인걸요. 아름다운 사람 하나가 점점 더 많은 사람을 물들여가고 있는 것 같네요.

저는 어릴 적엔 교회에 다니다가 성당으로 옮기고, 얼마 전까지 무교로 지내다가 요즘은 불교인 어머니 밑에서 불교 쪽으로 눈을 넓히고 있습니다. 저뿐만 아니라 저희 집 사람들 모두는 교회를 좋아하지 않습니다. 특히 '교회 사람들'을요. 성경이라는 증명 불가능한 것을 절대진리로 믿으며, 다른 것은 배척하고 그저 '하나님'만을 부르며 추종하는… 무서운 사람들로 인식되어 있어요. 교회에 안 오면 하루 종일 전화하고, 피라미드식으로 사람을 모으는 똘똘 뭉치는 힘이 너무나 대단해보이거든요.

그리고 고3기도회에 갔었어요. 사실 기도보다 다른 목적이 더 컸지만요. 한 번, 두 번, 이번에 간 것이 세 번째던가, 네 번째던가, 참석하는 횟수가 늘어나는 만큼 그곳에 가는 목적이 바뀌고 있습니다. 누군가가 나를 위해서, 나의 힘듦의 무게를 조금이라도 덜어주려 기도해준다는 것, 내가 더 잘되라고 기도해준다는 것, 이것은 또 한 번 가슴을 콕 찌르는 일이에요. 나를 위해 기도해준다는 거 얼마나 고마운지…. (속에서는 교회 사람들은 원래 그런 일을 하지. 하나님의 발이 되어 천국에 가고 싶어 하는 것 아닌가 라는 생각이 슬며시 들 때도 있지만) 이런 생각은 곧 쏙쏙 지워버린답니다. 죄송해요. 19년은 금방 바뀌는 게 아닌걸요.

비록 기도회에서 부르는 찬송가를 하나도 몰라서 박수만 치고, 기도도 할 줄 몰라서 뻘쭘하지만 기도회에 잘 나가보려는 생각입니다. 일단 하나님보다는 선생님을 뵈요. 아, 선생님께 쓰는 편지가 이렇게 길어진 것 또한 처음 있는 일이네요. 가식적으로 칸 채우려는 말을 쓰지 않고도 술술 써진다는 건 더 놀라운 일이구요.

선생님, 선생님의 오렌지 남방이 너무나 사랑스럽습니다.

글썽이는 눈이 너무도 사랑스럽습니다.

누구보다도 아름답고 사랑스럽습니다. 감사합니다.

고3(저입니다. 지금의 저를 이보다 더 정확히 설명할 말은 없습니다.)

나는 이 편지를 읽으며 와락 쏟아지는 눈물을 주체할 수 없었다.

학생의 변화에 따른 교사의 반응은 두 가지이다. 하나는 긍정적인 반응으로 아이가 바람직하게 변화할 때 교사로서의 보람과 자긍심을 느낀다. 또 다른 하나는 부정적인 반응인데 교사의 교육철학이나 의지와 관계없이 정반대로 치닫는 아이들을 만날 때면 당장이라도 교사라는 이름을 떨쳐버리고 싶을만큼 넝마로 보일 때도 있기 때문이다. 그러나 결국엔 그동안 나를 힘들게 했다고 생각했던 아이들도 포기할 수 없는 사랑의 대상인 나의 제자들이다.

하나님께서 포기하지 않으셨으니까…. 또 하나님께서 포기하지 않으셨는데 어떤 이유로 내가 포기할 수 있단 말인가. 포기한다는 것은 안 될 말이다. 하나님은 어느 누구도 포기하지 않고 기다리고 계시지 않은가. 그것을 깨달았을 때 나 스스로 잘난 교사로 모든 것을 할 수 있다고 자만하던 부끄러운 교사라는 이름을 내려놓고 하나님 앞에 겸손해질 수 있었다. 그것을 깨달은 이후로 나는 자녀를 포기하고 싶다는 부모님을 만나면 이렇게 말하곤 했다.

"제가 포기하기 전까지는 절대로 포기하지 마세요."

이 편지는 좀처럼 예상치 못했던 커다란 감동이 파도가 되어 힘차게 밀려왔다. 아이들의 글에 감동을 받는 것은 꽤 있었지만, 이토록 강력하게 한꺼번에 다가오는 것에 나도 어쩔 줄 모르고 그저 "울컥울컥" 울며 편지를 읽어 내려갔다.
그것은 진심이었다. 아이는 진심으로 나를 만난 것을 기뻐하고 있었고, 하나님이 부어주시는 은혜와 기쁨을, 수업시간과 고3기도회를 통해 맛보고 느꼈던 것이다. 또한 나에게는 이 아이를 하나님께서 꼭 만나주실 것이라는 확신을 주셨기에 더욱 그러했다. 한참 동안 눈물을 닦으며 읽고 또 닦으며 그 편지를 몇 번이나 읽었다.

수 년 동안 기도하는 교사로 분주하게 살아오는 동안, 나는 나 자신에 대한 위로를 하나님으로부터 얻으며 살아왔다. 기독교학교가 아니라서 더욱 영적으로 민감해야 했고, 또 지혜롭게 대처하는 것은 매우 중요했다. 불신자 선생님들과 학생, 그리고 학교 관리자에 이르기까지 사람을 보면 보이지 않지만 하나님을 바라보면 비전이 보였다.

"믿음은 바라는 것들의 실상이요 보지 못하는 것들의 증거니."(히브리서 11:1)

기독교사로 살면서 큰 힘을 얻으며 위로를 얻는 때가 바로 이때라는 생각이 든다. 이 학생이 나에게 다가온 것은 나의 능력이 아니라, 나의 잘남이 아니라 하나님의 때에, 하나님의 방법으로 이 아이의 마음을 열어주시고 이제 만나주시고자 함이 아닌가. 그 만남을 나를 통하여 이루어 가신다는 그 사실이 얼마나 감사하고 기쁜 일인지…. 나는 축복의 통로요, 하나님의 도구로 사용되고 있다는 얘기이니까.

수업 시간에 들어가는 반마다 이야기를 나누며 이 편지를 받고 내가 얼마나 큰 힘을 얻고 또 위로를 얻었는지 그 심경을 이야기했다. 그리고 덧붙였다.

"억지로는 아니지만 그래도 나중에 마음이 열리면 선생님에게 꼭 한 번 얼굴 보여다오. 그리고 답장을 썼는데 전할 길이 없잖아. 끝까지 비밀로 하고 싶다면 누군지 아는 친구가 나에게 와서 내가 쓴 답장을 받아다가 그 친구에게 전해주렴. 꼭! 알겠니? 선생님이 너무 큰 감동을 받아서 그런 거야. 고마워, 얘들아!"

은혜롭게 망가진 선생님

학교 축제

작년 학교 축제 때는 나를 포함한 신우회 선생님들 다섯 분이 특별 순서로 축제에 참여했다. 나의 제안으로 우리 아이들의 이름표가 그대로 달린 학생 교복을 입고 무대에 서서, 아무도 모르게 깜짝쇼를 연출한 것이다. 우리는 그렇게 하나님을 찬양했고, 아이들은 자신들이 입는 교복을 입고 무대에 올라온 선생님들을 마냥 좋아했다. 그 때 진행을 하는 부학생회장은 이렇게 우리를 소개했었다.

"여러분, 영훈고등학교에서 가장 나이가 많은 학생들을 이 자리에 소개합니다."

금년에는 어떻게 무대에 서는가를 고민했다. 함께 할 선생님들을 모은 결과, 여덟 분의 선생님들이 참여 의사를 표했다. 문제는 어떠한 복장으로 어떤 찬양을 할 것인가가 관건이었다.

이번에는 교복을 남녀 서로 바꾸어 입자는 의견, 드레스를 입자는 의견, 귀엽게 하자는 의견이 나왔다. 적극적으로 나서 주시는 선생님들이 참 고마웠다. 더욱이 이제 나이가 쉰을 바라보는 석선생님, 그리고 아이를 낳은 지 얼마 안 된 박선생님도 합류하여 더욱 기쁘고 감사했다.

우리 망가지죠

선생님들이 망가지면 아이들은 그 만큼, 아니 그 이상 즐거워한다. 아이들이 기뻐한다면 우리가 무엇을 못할까, 이렇게 생각하는 선생님들이 모여 고민한 결과, 귀여운 컨셉으로 복장을 맞추기로 했다.
"선생님들! 우리 망가지죠."
강인한 이미지의 석선생님도 고개를 끄덕였다. 이번 축제의 대박 조짐이 보였다.
가장 막내인 27살 총각 이선생님과 내가 복장을 담당하기로 하고, 학교 앞 재래시장인 숭인시장을 한 바퀴 돌았다. 여자 속옷을 파는 데도 가고, 천냥하우스에도 갔다. 가발 가게도 가고, 스타킹을 파는 가게도 갔다. 결국 각 색깔별 머리띠, 두건, 가발, 멜빵, 스타킹 등 5만원 상당의 소품을 준비했다. 그러나 이 정도로 8명이 갖추기에는 부족했다.
집에 돌아와 아내에게 말했다.
"여보, 원색적이고 귀여운 옷으로 부탁해."

아내와 두 딸은 못말리겠다는 듯 나를 보면서도, 매우 재밌어 하는 표정이었다. 그렇게 아내와 초등학생 다솜이, 유치원생 다빈이의 옷까지 빌려 나는 다음 날 한 보따리의 옷을 안고 학교로 갔다.

악명 높은 선생님

축제에 참여하는 8명의 선생님들 중 가장 악명이 높아, 아이들이 매우 무서워하는 한 선생님이 계시다.

이분은 체육 교사이며, 두발검사를 할 때면 여학생도 예외 없이 '싹둑' 잘라버리는 무시무시한 분이다. 일설에는 아이들 사이에 이분에 대한 안티 카페도 생겼다고 하던가? 그러나 보기와는 다르게 매주 교회에 출석하는 세례교인이며 선교사 가정이기도 하다.

김선생님은 가끔씩 나를 찾아와 하소연을 한다.

"선생님, 저도 선생님처럼 아이들을 사랑으로 대하고 싶은데 잘 안되요. 애들만 보면 그냥 제가 돌변해버리는 거예요. 게다가 우리 학교는 학생부 선생님들이 모두 착하셔서 제가 악역을 담당해야 할 것 같아요."

그럴 때 나는 웃으며 말하곤 했다.

"김선생님, 그냥 선생님 스타일이 가장 좋은 거예요. 왜 누군가가 꼭 악역을 담당해야 하나요? 괜찮아요, 선생님. 그냥 부드럽게 대하세요."

하면 김선생님은 고개를 끄덕끄덕했다. 그러다가도 며칠 지나면 또 아이들을 붙잡아 야단치는 모습이 목격되곤 하였다.

귀엽게 예쁘게

옷을 갖춰 입었다. 나는 노란 두건을 쓰고 붉은 머리띠를 하였다. 그리고 큰딸 다솜이의 분홍색 민소매 옷, 아내의 붉은 반바지, 그리고 반쯤 짤린 스타킹, 멜빵을 메고… 우리 모두는 낄낄대고 하하거리며 옷을 입었다. 우리는 서로를 바라보며 엄청 망가진 서로의 모습에 선생님들과 아이들이 얼마나 기뻐할까를 생각하고 있었다.

사실 참 힘든 일이라고 보아도 될 것이다. 교사의 입장에서 아이들을 위해 이렇게 이미지 변화를 꾀하는 것이 말이다. 그러나 영훈고의 선생님들은 노력 했다. 참으로 감사한 일이다. 몇 년 전만 해도 어려운 일이었는데, 이제 자연스럽게 공연을 통하여 선생님들과 아이들이 더 가까워지는 계기가 마련된다. 이러한 과정을 통하여 학교가 더 발전하고 사랑이 실현되는 것이리라. 더욱이 이번에 참여한 분들은 모두 기도하시는 선생님들이니까 말이다. 하나님은 얼마나 웃기고 또한 기쁘셨을까.

드디어 우리 차례가 되었다. 누구의 눈에도 띄지 않게 숨어 있던 우리는 신호가 오자 무대로 올라섰다. 잠시 침묵! 그러다가 갑자기 학교가 떠나갈 듯한 수백 명의 함성이 동시에 울려 퍼졌다.

은혜롭게 망가진 선생님

"꺄……악! 왜 이래??? 선생님들 맞아???"

그도 그럴 것이 우리는 터질 듯한 쫄티와 셔츠에 멜빵 반바지, 원색적인 옷이었고, 게다가 석선생님과 김선생님은 여자처럼 머리칼을 길게 붙이고 있었기에 더했다. 아이들의 함성은 그치지 않았다. 나는 마이크를 잡고 수백 명의 학생들과 선생님들, 방문한 모두에게 외쳤다.

"영훈인이여! 네 꿈을 펼쳐라!"

모두들 "꺅!" 소리를 내며 환호했다.

선생님들 소개를 각자에게 맡겼다. 재치있게 어린 아이처럼 자기소개를 하던 중, 아프리카인처럼 복장을 한 김선생님이 자기소개 할 차례가 되자 아이들은 기절 일보 직전까지 가며 환호했다. 망가진 선생님의 모습에 그동안의 감정을 해소 하는 듯.

"여러분, 안녕하세요?"

"꺄악!"

"저는 쫑만 킴이에요."

여기까지 얘기하자, 아이들은

"꺄악!!! 꺄악!!!"

"여러분들을 쌀랑해요."

김선생님의 꼬부라진 목소리에 아이들은 더욱 경악했다. 그 자리에 모인 모두들 박장대소 하며 무척 즐거워했다.

찬양과 율동 기쁨의 축제

우리는 찬양을 시작했다.

먼저 '위대하고 강하신 주님', '손을 높이 들고 주를 찬양'을 부르며 율동을 했고, 이어서 '우리 모두가 주님 안에 하나가 되어', '새벽이슬 같은', '야곱의 축복'을 불렀다. 아이들은 카메라폰을 들이대고 난리였다.

나와 선생님들은 최고의 기쁨을 누리고 있었다.

'우리가 조금만 노력하면, 그리고 조금만 망가지면 아이들은 정말 기뻐하는구나.'

체험적으로 우리는 주님 안에 하나가 됨을 느끼고 있었다.

두 팔을 벌리고 '야곱의 축복'을 부르며 아이들을 축복할 때는 웃음과 눈물이 동시에 터져 나왔다. 아이들도 모두 기뻐하고 있었다.

기독교학교가 아닌 영훈고에 기독학생들의 찬양, 워십, 율동 등의 공연이 이루어졌다. 또한 신우회 선생님들의 축제 공연을 통하여 하나님께서는 영광을 받으셨고, 우리 모두에게는 큰 기쁨을 주셨다. 바로 이번 축제는 하나님께서 영훈고에 허락하신 사랑이리라. 넘치는 기쁨이리라.

# 교문을 열고 싶어요 1

위암 말기 제자

"최선생! 이제야 만났네. 얼마나 찾았다구. 어디 갔다 온 거야?"
2층 교무실로 올라가는 계단에서 만난 체육과의 석선생님이 나를 보자마자 하신 말씀이다.
"아, 밖에 잠깐요. 왜요, 선생님?"
석선생님의 얼굴과 모습에서 몹시 급한 상황이라는 걸 바로 읽을 수 있었다.
"보건실로 가서 얘기해. 얼른."
나는 영문을 모른 채 보건실로 향했다. 문을 열고 들어서자마자 양호 선생님도 나를 보고 반색했다.
"아유, 이제 오셨네. 최선생님을 얼마나 찾았다구요! 핸드폰도 안 받구."

"네, 죄송해요. 전화기를 놔두고 잠시 밖에 나갔다 왔거든요. 그런데 왜요?"

나의 시선이 소파에 앉아 있는 한 남학생에게 집중되었다.

핏기 없는 창백한 얼굴의 그 아이는 가쁜 숨을 몰아쉬며 한 손으로는 자신의 등을 연신 만지고 있었다. 양호 선생님이 말씀하셨다.

"최선생님, 아시죠? 정원이. 위암 말기로 수술했던…."

김정원. 고등학교 2학년 남학생이다. 작년 1학년 때 위암 말기 판정을 받고, 사형 선고를 받았던 아이. 의사 선생님은 생존이 불가능하다며 수술했지만, 기적적으로 정원이는 살았다. 그러나 위를 잘라내었고, 항암치료를 열 번 해야 하는데 무척 고통스러워서 세 번만 했다고 한다. 잘라낸 부분을 소장으로 이으려고 했는데 그것도 가늘다고 안 되어 대장으로 어떻게 연결시켰다고 했다. 설명을 들어도 잘 이해가 되지 않는 것이었지만 어쨌든, 정원이는 기적처럼 일 년을 버티며 살고 있고, 양호실에서 내 앞에 그렇게 앉아 있었다.

사랑의 학교 영훈고

영훈고등학교는 참으로 사랑이 넘쳐나는 학교다. 사랑의 선생님들이 많이 계시기 때문이다. 석선생님은 교회에 나가시는 신우회 선생님으로 엄격하면서도 다정다감함을 가지고 있는 아이들이 무척 좋아하는 멋진 분이다. 양호선생님은 불교 신자시지만 아이들을 무척 사랑하시고 인격적으로 감싸안으신다. 더욱이 학기 초 고질적인 질병으로 몸이 아픈 학생들이 우리 학교에 들어오면 그 명단을 나에게 넘겨주신다. 그래서 육적인 치료는 양호 선생님이, 그리고 기도가 필요한 영적인 부분은 내가 동역하고 상담실의 박선생님도 또한 합세한다. 우리 아이들의 영육이 함께 치료되는 학교, 그 학교가 바로 영훈고등학교다.

정원이는 2학년 때 내가 유질환자 명단을 넘겨받은 아이 중의 한 학생이다. 그동안 수업에서 만나지 못해 잘 알지 못한 상태로 기도만 하고 있었다. 그러던 중에 정원이 어머니와 통화를 했었고, 또 정원이도 만나게 된 것이다.

정원이는 무척 고통스러워하며 허리가 많이 아프다고 했다. 그러면서도 그 고통을 인내하는 정원이의 모습이 나의 마음을 짓눌렀다.

왜 우리 아이들은 정상적으로 학교생활을 할 수가 없는 걸까? 공부를 하고 싶어도 못하고 뛰어 놀고 싶어도 못 노는 정원이와 같은 아이들을 만날 때면 내 몸의 어느 한 부분이 찢어지는 듯 한 아픔을 느낀다.

도대체 뭡니까?

학교에서 내가 혼자 사용하고 있는 기록보존실로 정원이를 데리고 왔다. 자리를 정해주고 부드러운 목소리로 말을 건넸다.

"정원아, 언제부터 이렇게 허리가 아팠니?"

숨을 쉬는 것조차 괴로운 모습으로 정원이는 말했다.

"선생님, 한동안 괜찮았는데요. 시험 때가 다가오면서 힘들어요. 그리고 제가 음식을 제대로 먹지 못해서 힘이 항상 없구요."

"그래, 그렇구나. 많이 힘들겠다. 정원이는 예수님을 믿고 있니?"

이 말이 끝나자마자 정원이는 고개를 번쩍 들며 또렷이 말했다.

"그럼요! 선생님. 예수님이 저를 구원하셨잖아요."

그 때 정원이의 눈빛은 결코 절망의 눈빛이 아니었다. 희망이 넘쳐 나는 눈빛이었다. 몸은 아팠지만 영은 투명한 것이다. 정원이의 영은 절대로 죽어 있지 않았다.

정원이의 어깨와 허리를 붙잡고 기도했다. 귀한 아들로 이미 삼으시고 하나님께서 만지셔서 이렇게 일 년 이상을 살게 하신 것만 하더라도 이미 하나님의 역사하심이 아니겠는가. 그런데 낫게 하시려면 완전히 깨끗케 하시지 도대체 무엇이 남아 있어서 정원이를 이토록 괴롭게 두시는 걸까 하는 생각이 들었다.

기도는 울음으로 바뀌고 소리는 더욱 커졌다. 정원이는 고통 가운데서도 "아멘, 아멘"하고 있었다.

저보다도 아빠를요

"정원아, 엄마는 열심히 신앙생활 하시는 것으로 알고 있는데, 아빠는 어떠시니?"

순간 정원이의 얼굴이 어두워졌다. 그리고 침울하게 말했다.

"아빠는 교회에 안 나가세요. 아빠가 교회에 가시면 좋겠어요. 선생님, 저보다 아빠를 위해 기도해주세요. 저는 괜찮아요. 근데, 우리 아빠는…."

언제 어떻게 될지 모르는 병에 걸린 아들의 입에서 나오는 말은 아빠를 위한 기도 요청이었다. 나는 순간 가슴이 꽉 막혀 오는 듯한 느낌을 받았다. 이런이런… 자기 몸이 아프지 않게 해달라고 투정을 부려도 시원치 않을 판인데… 그것을 참아 내며 아빠의 영혼 구원을 생각하는 아들, 정원이. 그것은 분명 하나님께서 주신 마음이었다. 내 눈에서는 눈물이 계속해서 흘러 내렸다.

'이것이로구나. 정원이를 통해서 정원이 아버님을 만나주시려는 하나님의 계획. 그래, 바로 그거야.'

정원이 아빠와 정원이를 놓고 기도하는 가운데 며칠이 흘렀다. 정원이 어머니와 통화를 했다.

"어머니, 정원이에게 하나님은 이미 역사하셨다고 믿습니다. 그런데 아직 몸이 아프고 낫지 않는 고통 가운데 있게 하시는 것은 정원이 아빠의 기도를 하나님께서 원하시는 것 같다는 생각이 듭니다. 어머니. 아버님께 교회에 가자고 해 보셨어요?"

말이 끝나자마자 정원이 어머니는 한숨을 푹 내쉬며 말씀하셨다.

"선생님. 저는 이미 포기했어요. 몇 주 전에도 당신 기도가 있어야 한다고 말했더니 내가 미쳤냐고 하면서 교회는 절대로 안가겠다고 하는 거예요. 그리고 술을 퍼 마시고…."

인내하며 소망을

이 이야기를 들으며 정원이에게는 더욱 아빠의 기도가 있어야 한다는 확신이 섰다. 정원이의 마음을 하나님께서 받으실 것이고, 어머니의 기도를, 그리고 여러 중보자의 기도를 들으시는 하나님이심을 믿으며 기도에 매달리기 시작했다.

그렇게 한 주 정도 지날 무렵, 교정에 웬 승용차가 와 있었다. 정원이 아버지, 어머니였다. 정원이의 허리가 너무 아파 조퇴를 하고 집으로 가려던 중이었다. 그 때 정원이 아버지를 처음 보고 잠시 인사를 나누었다. 그리고 승용차 안에 들어가 정원이를 붙잡고 기도했다. 그리고 말했다.

"정원아. 힘내라. 네 기도 하나님께서 분명히 들어주실 거야. 고통 가운데 계셨던 예수님을 생각해 보렴. 정원아. 힘들겠지만 예수님보다는 힘들지 않지? 견딜 수 있지? 응?"

정원이는 말하기조차 힘이 든 듯 고개를 힘들게 끄덕였다. 몸이 뒤틀어질 정도로 아픔이 있겠지만 정원이는 참으로 잘 인내하며 하나님께 매달리고 있었다.

새벽기도 때에나 학교 아침기도회 때에도 나의 정원이에 대한 기도는 빠지지 않았다. 아니, 다른 기도를 하다가도 어느 새 정원이와 정원이 아버지의 기도로 바뀌어 있었다. 성령님께서 바꾸어 놓으셨다.

그리고 또 한 주가 지났다. 정원이 어머니와 통화를 하였다. 정원이 어머니의 갑자기 외치는 소리에 깜짝 놀랐다.

"선생님, 저희 집에 놀라운 일이 일어났어요."

"네? 놀라운 일이라뇨? 정원이가 어찌 됐나요?"

"아뇨, 선생님. 그 이가, 정원이 아빠가 교회에 나가게 되었어요."

정원이 어머니의 목소리는 하늘을 날고 있는 듯 했다. 그만큼 목소리는 하늘을 찌르고 있었다.

정원이 어머니의 이야기는 대략 이러했다.

사흘 전, 늦은 시간에 정원이 아버지가 퇴근하시고 집에 들어오시자마자 정원이 앞에 무릎을 꿇었다. 그리고 천천히 말씀하셨다.

"정원아, 정말 미안하다. 정원이 니가 몸이 점점 더 아프고, 낫지 않는 것이 아빠가 교회에 나가지 않는다는 사실 때문이란 것을 알았어. 오늘… 그런 마음이 계속 들더라구. 정원아, 아빠가 이제 교회에 나가마. 매일매일 교회에 가서 널 위해 기도하마. 정원아. 미안하다… 정말 미안하다."

이 말씀을 하며 정원이 아버지는 정원이를 끌어안고 엉엉 울기 시작했다. 남편을 포기했다던 정원이 어머니는 이 예상치 못한 상황에 넋을 놓고 있다가 달려들어 정원이와 남편을 붙잡고 같이 울기 시작했다.

정원이도 함께 울며 아빠를 끌어안았다. 그러면서 정원이는 아빠에게 이렇게 말했다.

"아빠, 이제 됐어요. 아빠가 교회에 나가시니까 이제 됐어요. 아빠, 저는 이제 죽어도 좋아요. 제가 죽어서라도 아빠가 예수님 믿는다면 저는 이대로 죽어도 좋아요. 아빠."

선생님! 너무 아파요

〈좋은교사〉에서 주관하는 교사 대상의 세미나가 장로교신학대학교에서 있어 가는 길이었다. 늦은 시간인지라 차는 무척 많았고 길은 붐볐다. 장신대로 올라가는 언덕길에서는 한강이 바로 내려다보였다. 나는 긴 한숨을 몰아쉬며 달려간 마라토너가 잠시 심호흡을 하는 것처럼 참으로 오랜만에 한강의 야경을 내려다보며 목적지를 향하고 있었다.

핸드폰이 울렸다. 구름다리를 건너기 전 우측에 차를 잠시 세우고 전화를 받았다. 정원이 어머니의 다급한 전화였다.

"선생님, 정원이가 많이 아파요."

정원이 어머니의 목소리에는 걱정이 묻어 있었다. 불현듯 내 머릿속에는 그동안 정원이에 대한 기도를 늦추고 있었다는 미안함이 일어나고 있었다.

"네, 어머니. 정원이 어디가 가장 아픈가요?"

"허리가 그렇게 아프다고 하네요. 누워만 있은 지 벌써 한 달 반이 지났어요. 음식도 전혀 먹지 못하구요. 선생님 게다가 어젯밤에는 정신을 놓더라구요. 저는 정말 정원이가 끝장 나는 줄 알았어요."

정원이 어머니의 말씀대로라면 정원이의 기력이 다한 상태로밖에 볼 수 없었다. 정원이 어머니가 간호사 출신이라 매번 병원에 가지 못하고 직접 영양제를 사다가 주사를 놓아준다고 했다. 그렇게 겨우 링거로 의지하며 지내온 것이 한 달 보름. 정원이는 먹는 즐거움을 전혀 누리지 못하고 있었다. 무엇을 좀 먹기만 하면 냄새가 난다며

다 토해냈다고 했다. 정원이와 통화를 했다.

"선생님! 안녕하세요?"

생각했던 것보다 비교적 또렷한 목소리였다.

"그래, 정원아! 잘 지내고 있었니? 전화 자주 못해서 미안해."

"아니에요, 선생님. 저 잘 있어요. 그런데 요즘 많이 아파요. 그래서 지금 전화로 기도해달라고 말씀드리고 싶어서요. 괜찮죠? 선생님."

나는 정원이의 말을 듣고 더 미안해졌다.

우리가 기도를 할 때 자주 실패하는 것은 쉽게 포기하거나 기도 응답을 기다리다 지쳐서 기도의 내용을 잊어버리기 때문이다. 나는 정원이와의 만남 후 학교에서 볼 때는 자주 만나 기도를 할 수 있었다. 그러나 눈에 안 보이고 나니 기도는 하지만 좀 전보다는 느슨해진 것이 사실이었다.

나는 전화로 정원이의 건강, 회복을 위해 기도했다.

"정원아! 선생님이 한 번 너희 집에 가서 기도하면 더 좋을 것 같은데… 괜찮을까? 이렇게 전화로 하는 것도 좋지만 말야."

그동안 정원이는 자신의 말라 버린 몸 때문에 누가 곁에 오는 것을 그다지 원하지 않았었다.

"네, 선생님. 오세요. 근데, 선생님만 오시면 좋겠어요."

나는 기도하는 가운데 믿음의 동역자들에게 정원이의 회복을 구하는 기도요청문을 보냈다. 여러분들에게서 정원이의 회복을 구하는 기도를 드리고 있다는 즉각적인 연락이 연이어 왔다.

일어나 앉았어요

나는 혼자 정원이 집을 방문했다. 시간은 오후 두 시가 넘고 있었다.
정원이의 집은 우이동 방면에 있는 자그마한 빌라의 지하였다. 방에 들어서는 순간 누워 있는 정원이의 모습이 눈에 확 들어왔다. 생각했던 것보다 환한 얼굴과 깨끗한 피부, 그리고 머리카락 하나 손상되지 않은 모습에 말기 암 환자라는 사실이 믿기지 않았다.
"정원아! 잘 있었니?"
"네, 선생님."
정원이는 일어나려 잠시 몸을 옴짝거렸으나 불가능했다.
"정원아! 괜찮아. 그대로 누워 있어."
정원이는 허리가 끊어질 듯 아프다고 했다. 그리고 눈도 점점 감기고 있었다. 시력이 감퇴되었는지 앞이 안 보이기 시작했다는 것이다. 나는 정원이 어머니와 교회에서 오신 두 분의 성도들과 정원이를 눕혀 놓은 상태에서 같이 예배를 드렸다.
사도행전 3장을 통하여 앉은뱅이를 일으켰던 예수그리스도의 이름의 능력이 임하는 것과 앉은뱅이가 갈구했던 그 회복의 소망의 마음을 정원이에게 달라고 말씀을 전했다. 그리고 정원이를 붙잡고 기도했다. 한동안의 기도에 나의 몸이 뜨거워졌다. 다른 분들도 마찬가지라고 나중에 고백했다. 정원이가 누워 있는 곳에 성령의 불기운이 가득 했다고 고백했다.
"정원아! 먼저 필요한 것이 네가 살려는 희망과 의지를 잃지 않는 거야. 힘내라, 정원아! 그 앉은뱅이가 갈망했던 그 간구가 너에게 있어야 해. 지금 베드로가 행했던 예수 그리스도의 이름에 힘입어 널 위해 기도하는 분들이 얼마나 많은데. 알겠지? 정원아! 넌 일어날 수 있어!!"

그때였다. 정원이가 입술을 벌려 말하기 시작했다.

"선생님, 저 일어나고 싶어요. 앉고 싶어요."

정원이 어머니가 상기된 얼굴로 말씀하셨다.

"정원아! 니가 일어나야 해. 넌 일어날 수 있어. 혼자서 말야!"

그 말을 듣자마자 정원이는 힘을 쓰기 시작했다. 이윽고 정원이는 한쪽 팔로 방바닥을 짚고 일어나 앉았다. 이 모습을 지켜 본 나는 왈칵 눈물이 솟았다. 다른 분들도 "아!"하고 놀랐다. 정원이의 앙상한 몸이 더 윤곽을 드러냈지만 이미 정원이가 암을 이기고 승리한 것으로 생각되었다. 정원이는 집에서 생활한지 약 석 달 만에, 누워 생활한지 한 달 반만에 일어나 앉을 수 있었다. 하나님께서는 죽음의 공포에 놓여 있던 정원이의 마음에 새로운 희망을 심어주고 계셨다.

선생님 오시면 안 돼요?

근 열흘간 전국의 여러 수련회와 집회에 강사로 가야할 일정을 앞두고 있었다. 한동안 정원이를 보지 못한다는 안타까움이 있었지만 어쩔 수 없었다. 3박 4일간 영훈고 기독학생들과 시흥영성수련원 전국청소년 영성캠프에 참석했다. 난 강의를 하고, 우리 아이들은 경배와 찬양을 인도했다. 그리고 이어서 논산, 경기도 광주 광림수도원,

원주 연세대학교, 전남 광주, 충남 공주, 부여 등을 다녀야만 했다.

논산 기독교사들과 일정을 마치니 밤 열 시가 넘고 있었다. 다음 날 오전 강의 때문에 원주로 이동해야 했다. 그 때 정원이에게서 전화가 왔다.

"선생님, 보고 싶어요. 언제 오세요?"

빠듯한 일정이었지만 마음은 이미 정원이에게 향해 있었다. 일단 내일 원주에서의 강의를 마치고 정원이네로 가기로 했다.

다음 날 정원이네 집에 방문했다. 그런데 놀라운 것은 정원이의 얼굴이 확 피어서 생기가 돌고 있었던 것이다. 그동안 밥도 조금씩 먹고, 교회 권사님이 해주시는 김치부침개, 전복죽도 하루에 다섯 번씩을 먹는다는 것 아닌가. 이 놀라운 사실에 나는 깊이 감사했다. 또한 정원이는 눈이 보이지 않아도 말은 명료하게 했다. 엄마에게 내가 쓴 책 「울보선생」을 시간이 날 때마다 읽어달라고 했다고 한다. 정원이를 보자마자 솟구치는 감사의 눈물을 어쩌지 못했다. 정원이는 이 날도 일어나 앉았고, 사람의 형체만 볼 수 있는 눈으로 나를 바라보며 한동안 이야기를 나누었다.

다시 지방으로 내려와 여러 곳의 집회를 감사히 마치고 공주에 당도했을 때 정원이 어머니께서 전화를 하셨다. 전화를 받자마자 새어나오는 울음소리. 순간 불안함이 스쳐갔다.

"선생님, 흑흑… 어떡하면 좋아요. 우리 정원이가… 몸 안에 암세포가 다 퍼졌대요."

나는 불현듯 놀라 생각지도 않은 말이 먼저 튀어나왔다.

"그럼, 그렇게 잘 먹는 건요?"

"그건 모르겠구요. 암세포가 다 전이되어서 손 쓸 수가 없대요. 그리고 설을 넘기기가 어렵다고 하구요. 선생님, 어떡하면 좋아요?"

나는 마음을 가다듬었다. 전적으로 생명에 대해서는 하나님의 소관이 아닌가? 물론 의사선생님의 진단을 무시할 수는 없지만, 그보다 더한 것은 하나님의 인도하심이지 않은가. 잠시 마음속으로 인도함을 구했다. 하나님께서는 정원이 어머니를 위로하라는 마음을 주셨다.

"어머니, 많이 놀라셨죠? 하지만 우리 하나님 입장에서 보시면 감기나 암이나 같은 것이 아니겠어요? 우리가 보기에 정원이는 더 좋아졌는데, 의사선생님이 이제 완전히 가망없다고 한다면 정말 전적으로 하나님께서 하신다는 것 밖에 없잖아요. 어머니, 정원이는 절대 죽지 않아요. 힘내시구요. 어머니가 먼저 지치시면 안되잖아요. 힘드셔도 이겨내셔야 해요. 얼마나 많은 분들이 기도하고 있는데요."

"네, 잘 알겠습니다. 선생님."

어머니는 이내 마음의 진정을 찾은 듯 싶었다.

공주에서 한동안 기도하는 가운데 하나님께서는 마음의 평강을 주고 계셨다. 아무것도 염려하지 말라는 음성을 들려주고 계셨다. 늦은 밤 나는 또 한 번 기도의 동역자들에게 기도 요청을 했다.

선생님들의 방문 예배

정원이의 삶에 대한 의지가 시간이 갈수록 강해짐을 느낄 수 있었다. 선생님들과 함께 방문하는 것을 허락했던 것이다. 정원이가 평소에 좋아했던 선생님들이 몇 분 계시다. 그분들 중 석현근 체육선생님과 김선희 양호선생님을 유난히 좋아했다. 정원이가 선생님들에게 자신의 모습을 보일 수 있을 정도로 마음이 넓어졌다는 사실이 무척 기쁘고 감사했다. 두 분 선생님은 정원이가 보고 싶어 한다는 소식에 당신들의 약속을 조정하면서까지 정원이네를 방문하기로 했다.

선생님들의 방문에 정원이는 너무도 반가워했다. 그리고 일어나 앉아서 선생님들이 붙잡고 기도하는 꽤 긴 시간도 잘 감내하고 있었다. 정원이는 또박또박 말을 하고 있었다.

"선생님 감사합니다. 정말 감사합니다."

정원이 아빠가 마침 집에 계셨다. 회사를 다니시다가 직장을 놓고 일자리를 찾아다니는 중이었다. 물질적으로도 힘든 현재의 모습에, 아버지로서 얼마나 마음이 아프고 책임감으로 힘겨워 하실까 하는 마음이 들었다. 특히 정원이가 잘못되면 교회마저 안 나가겠다고 하셨다고 한다. 그러면서도 조금이라도 하나님 귀에 잘 들리라고 집에서 가장 높은 옥상에 올라가서 아들을 위해 기도하고 계신다고도 했다. 하나님께서는 정원이 아버지를 위로하라는 마음을 주고 계셨다. 나는 정원이 아버지를 오시라고 해서 선생님들과 같이 말씀을 나누었다.

"아버님, 요즘 많이 힘드시지요? 하지만 아버님, 지치시면 안 됩니다. 정원이는 절대 잘못되지 않아요. 정원이는 의사의 선고에도 불구하고 너무 잘 먹고 잘 견디고 있잖아요. 아버님의 기도가 절대

적입니다. 아버님, 힘드셔도 참으시고 더욱 기도에 매달리셔요. 저희들도 더 열심히 기도로 돕겠습니다."

정원이 아버님은 말이 끝나기도 전에 금방이라도 울음을 터뜨릴 듯한 얼굴을 하고 있었다. 나는 정원이 아버지와 어머니를 붙잡고 선생님들과 함께 기도하자고 했다.

얼마나 힘이 드실까? 당사자인 정원이도 그렇겠지만, 부모 입장에서 죽는다는 자식을 놓고 얼마나 가슴 졸일까…. 그 부모님의 마음이 전해져 눈물이 솟구쳤다. 우리 모두는 울고 있었고, 정원이 어머니는 소리 내어 흐느끼고 있었다.

성령께서 부어주시는 뜨거운 감동이 이 순간에도 계속 느껴졌다.

 ## 교문을 열고 싶어요 2

아직까지 살아 있단 말이에요?

병원에서는 의사선생님의 특별 지시가 내려졌다고 한다. 정원이의 몸은 이제 더 이상 어쩔 수 없기 때문에 장례 준비를 하라고 말이다. 그러나 선생님의 진단과는 달리 정원이는 날로 좋아지고 있었다. 음식을 먹는 양도 더 많아지고 특히 예전에는 거들떠보지도 않던 야채 영양식 같은 즙도 먹으며 이렇게 맛있는 것을 왜 몰랐냐고 할 정도로 정원이의 식욕이 좋아지고 있다는 것이다.

참으로 이해하기 곤란한 일이었다. 병원에서는 정원이가 올 때가 지났다며 의아해 하며 어떤 간호사는 이렇게 말했다고 한다.

"정원이가 아직까지 살아 있단 말이에요?"

그러나 하나님을 믿는 우리들은 그것이 하나님의 역사로 보일 뿐이었다. 당장이라도 정원이를 벌떡 일으키실 것이고 또한 들고 뛰며 하나님을 찬양케 하실 것이 틀림없다는 것이다. 그것을 믿으며 기도하는 것 아닌가. 하지만 정원이의 믿음은 우리보다 더한 듯 싶었다.

"선생님, 저는 아직 안 죽어요. 죽을 수가 없어요. 저를 도와주고 기도해주시는 분들께 이 은혜를 다 갚아야지요. 저는 절대 안 죽을 거니까 죽는다는 생각은 아예 안 하셔도 돼요."

정원이가 그 고통 가운데서도 하나님을 강하게 붙들고 있다는 사실을 확인할 수 있었다. 흔들리는 엄마에게도 그랬다고 한다.

"엄마, 이번 학기에는 나 학교 다녀야 하니까 일단 고3으로 진급시켜달라고 지금 담임선생님께 말씀드려줘. 혹시 빠뜨리면 안되니까 말야."

정원이의 살려고 하는 의지가 시간이 갈수록 강해짐을 알 수 있었다. 얼마나 감사한지….

기독학생들과 함께 드린 예배

올네이션스 경배와 찬양 집회가 여주에서 있어서 기독학생 다섯 명과 동행했다. 그리고 서울로 돌아와 정원이네 집을 방문했다. 정원이의 마음이 활짝 열려서 집에 와서 예배를 같이 드려도 좋다고 했기 때문이다.

기도의 용사라고 일컬어지는 영훈고기독학생(YSCA)들, 이 아이들의 순수한 마음이 담긴 기도가 하나님께 상달되리라 믿으며 나는 먼저 요한복음 15장 말씀을 전했다.

하나님은 농부요, 예수님은 포도나무, 우리는 그의 가지이니 영양분의 공급처는 예수님 그리고 하나님이라는 사실을 인식하고, 감사하며 새로운 힘을 구하자는 내용이었다. 정원이라는 가지는 예수님께 붙어 있으니 다시금 살아날 것이라는 희망을 버리지 말아야 한다고 역설했다.

이어서 아이들이 정원이를 붙잡고 합심해서 기도하기 시작했다. 아이들의 기도 소리는 천정을 흔들었다. 마음과 몸은 그 어느 때보다도 뜨거웠고, 그 열기에 눈물과 콧물이 함께 쏟아졌다. 아이들은 자신들이 할 수 있는 최고의 기도를 드리고 있었다. 정원이는 눈을 감은 채로 "아멘, 아멘"을 계속 연발하고 있었다. 합심기도를 마치고 돌아가며 한 번 씩 더 기도를 드렸다. 성령의 감동이 시간 내내 흐르고 있었다.

다음 날 아침, 정원이 어머니로부터 정원이의 말을 전해 들었다.

"엄마, 정말 놀랐어. 우리 교회 집사님들보다 어제 왔던 애들이 더 기도를 잘하는 것 같아. 근데, 어쩌면 아이들이 그렇게 기도를 잘 할 수 있는 거지?"

그리고는 정원이가 이제는 아이들이 언제나 방문해도 좋다고 말했다고 한다. 2월 5일 토요일에 기독학생들이 한 번 더 방문하여 예배를 드리고 기도하기로 했다.

모금 운동을 시작하며

함께 동행했던 두 선생님이 정원이 가정을 돕자는 성금에 대한 말씀을 하셨다. 그것이 구체화 되었다. 정원이의 사연을 들으신 교장선생님께서 우리 학교의 교사와 학생들을 대상으로 모금을 진행하자고 말씀하셨다. 그러나 방학 중인지라 쉬운 일은 아닐 것이라고도 하셨다. 나는 교장선생님께 이렇게 말씀을 드렸다.

"교장선생님, 정원이는 죽을 아이가 아닙니다. 그 아이에게는 물질적인 도움도 필요하지만 그보다도 먼저 기도와 격려, 힘을 불어 넣어주는 일이 우선입니다. 교장선생님, 기도해주시구요, 언제 시간 내셔서 교장선생님께서 한 번 정원이네 방문하시고, 격려해주시면 큰 힘이 될 것 같습니다. 괜찮으실까요?"

교장선생님은 오래 생각도 않으시고 단번에 말씀하셨다.

"그러지 뭐! 우리 모금부터 빨리 해서 같이 가자고."

방학 중 소집일이라 학교에 나온 아이들은 친구에게 돈을 빌려가면서도 모금에 마음을 합했다. 선생님들과 아이들의 마음이 합해지고 있었다. 그러나 정원이는 육체적으로 매우 힘들어했다. 마음의 의지와는 다르게 몸은 따라주지 않았다. 그럼에도 정원이는 스스로 살아날 것이라고 힘주어 말하곤 했다.

그 삶의 의지는 어디에서 오는 것일까? 누구로부터 오는 것일까? 정작 더 힘들어하고 하루에도 몇 번씩 한탄하는 것은 정원이의 부모님, 그리고 가족이었다. 그러나 하나님께서는 기도하는 분들을 붙여주면서 이 가족을 위로하고 계셨다. 고통 가운데 있는 정원이를 통해서 온 가족이 예수님을 만나게 되었다. 마치 예수님이 십자가의 고난을 감내하시면서 우리를 구원하셨던 것처럼….

정원이네를 방문하여 위로하기 위해 오신 분들이 도리어 정원이의 영향을 받게 되는 일이 일어나고 있었다.

"예수님을 믿으세요. 교회에 나가세요."

엄마의 친구분들이 붙잡은 손을 도리어 잡으며 정원이는 말하고 있었다. 누가 누구를 위로하는지…. 정원이의 마음속에는 육신의 고통보다는 구원의 은혜를 감격하지 못하고 있는 그분들이 더 불쌍해 보였던 것이다. 하루를 넘기기 어렵다는 아이가 도리어 자신들을 긍휼히 보며 교회에 나가라는 말을 들은 그들은 그 자리에서 교회에 나가기로 정원이와 약속했다. 하나님께서는 정원이를 끝까지 사용하고 계셨다.

이 날 기독학생들 17명과 함께 한 번 더 방문하여 예배를 드렸다. 정원이는 무척 반가워하였다.

오늘 밤을 못 넘겨요

정원이와 부모님이 병원에 다녀오셨다. 의사 선생님은 또 한 번 단언하셨다.

"오늘 밤을 못 넘깁니다. 준비되셨죠?"

믿음이 단단해지고 있는 어머니도 의사 선생님의 이 말씀에 잠시 혼란스러워했다.

'정말일까? 오늘 밤에?' 의아해 하면서 나에게 전화를 하셨다.

나는 기독학생회 겨울수련회가 이틀간 성복중앙교회에 있어서 준비 중이었다. 이 날은 정원이를 방문하지 못하고 바로 교회로 갈 예정이었다. 그러나 정원이와 어머니에게는 힘이 필요했다. 나는 함께 준비하고 있는 기독교반 아이들에게 말했다.

"얘들아! 정원이가 오늘 밤을 넘기지 못한다고 의사 선생님이 그러셨단다, 우리 수련회 일정을 좀 늦추더라도 정원이네 가서 예배드리고 가는 게 좋겠어."

아이들은 즉각적으로 준비했다. 악보집을 챙기고 봉고차에 올라탔다.

생각보다 정원이는 담담했다. 시력이 점점 악화되어 사람을 식별조차 하지 못했지만 정원이의 말씨는 누구보다도 또렷했고, 음식도 잘 먹었다.

의사 선생님의 말씀이 생각났는지 옆에서 눈시울을 붉히는 어머니와는 달리 정원이는 당차게 말했다.

"선생님, 저 의사선생님 말 안 믿어요. 정말 하나님만 믿을래요."

기독학생들과 예배를 드리며 말씀을 나누었다.

마태복음 14장 22절에서 32절 말씀을 나누며 물 위를 걷는 베드로의 믿음을 그리고 물에 빠졌을 때 예수님이 하신 말씀, "왜 의심하였느냐"를 나누며 조금도 의심치 말고 기도하며 나아가자고 전하였다. 그리고 아이들과 기도했다. 기독학생들의 기도는 점점 열이 올랐고, 내 몸은 점점 뜨거워졌다. 예배를 마치고 정원이 어머니께서 말씀하셨다.

"선생님, 오늘 말씀은 저에게 주신 거네요. 사실 의사 선생님 말씀을 듣고 집에 와서 정원이 물품을 한 개씩 챙겨 놓았거든요. 그러던 중 선생님 전화를 받은 거예요. 의심했던 제 마음을 하나님이 다시 새롭게 해주셨어요."

우는 정원이 어머니를 느낀 듯 정원이가 말했다.

"엄마! 울지 말라니까, 누가 죽는다구 그래? 응? 난 안 죽어! 그리고 하나님만 믿는다니까. 정말야! 하나님이 다 알아서 하셔. 울지 마."

기독교반 수련회는 저녁 7시에 시작되어서 새벽 3시에 끝났다. 이번에도 은혜를 부어주셨다. 특별히 의사를 통한 사형 선고를 받은 정원이를 위해 자정을 기해 일제히 기도했다. 정원이와 가족들도 그 시간 집에서 예배를 드렸다.

다음 날 아침 정원이네 집에 전화를 했다. 정원이 어머니께서 말씀하셨다.

"선생님, 정원이요. 어젯밤 그 어느 때보다도 푹 잘 잤어요."

정원이와 하룻밤을 잤어요

정원이와 하룻밤을 자기로 한 날이었다.

정원이는 오전 10시부터 10분 간격으로 나를 찾았다고 어머니는 나중에 말씀하셨다. 나는 저녁 7시경에야 정원이네 집에 도착하게 되었다. 정원이는 무척 힘이 없어 보였다.

"안녕하세요."

그래도 인사는 꼬박꼬박 하는 아이가 무척 애처로웠다. '차라리 아프다고 엉엉 울거나 투정이라도 부리지. 녀석….' 인내하고 놀랍게 버텨내는 정원이 앞에 선 내 자신이 부끄러울 정도였다.

"정원아! 괜찮지?"

"네, 선생님."

정원이는 힘겨움에 큰 소리를 내지는 않았지만 내가 곁에 있는 것을 무척 기뻐하는 것이 역력했다. 그러나 누웠지만 잠을 자는 것이 아니었다. 정원이의 호흡은 매우 거칠어졌고, 하룻밤에 열 번을 일어나 소변을 보는 것이었다. 사실 스스로 일어나지도 못했다. 나, 정원이 그리고 정원이 어머니 순서로 누워 있다가 정원이가 "엄마"하고 부르면 쉬통을 대 주는 것이었다. 그렇게 길고 긴 밤이 지났다.

아침에 일찍 눈을 떴다. 정원이를 살폈더니 정원이는 이미 깨어 있는 듯 했다.

"정원아, 일어났니?"

"네, 선생님."

정원이는 조용하면서도 차분하게 대답했다. 나는 정원이를 감싸 안으며 기도했다. 오늘 하루도 주님께서 인도해주시기를 소망하며 기도했다. 기도를 마치고 자리에서 일어나려하는데 정원이가 대뜸 말했다.

"사랑해요, 선생님!"

"이 녀석, 하룻밤 같이 잤다고 사랑해요하면 이틀 자면 무슨 얘기가 나올까 궁금하네."

눈물이 핑 도는 것을 숨기며 나는 정원이 집을 나와 학교로 향했다.

가족들과 방문하고

아내와 두 딸 다솜이 다빈이와 정원이 집을 방문했다. 정원이가 다솜이 다빈이를 보고 싶어했기 때문이다. 함께 예배드리고 기도했다. 그런데 어머니 말씀을 듣고 무엇인가 잘못되고 있다는 사실을 알았다.

"선생님, 정원이에게 기치료가 좋다고 해서요. 사실 얼마 전부터 기치료를 하고 있어요."

내가 모르던 사실이었다. 그리고 그래서는 안 될 일이었다. 하나님께 전적으로 매달리는 신앙이 요구되는 때인데, 기치료는 하나님과는 무관한 것 아닌가.

"어머니, 기치료를 받아서 어떤 효과가 있던가요? 아니 효과 차원이 아니라 기치료는 성경적으로도 옳지 않은 거예요. 하지 않으시는 편이 옳겠습니다."

생각보다 강한 어조로 나오는 내 말에 정원이 어머니도 고개를 끄덕였다.

"안 그래도 그만 두려고 했어요. 사실 효과도 없고 저도 그것이 옳지 않은 것이라고 듣고 있었거든요."

정원이는 그 날 이후로 기치료를 받지 않기로 했다.

정원이가 하룻밤을 더 자기를 원했지만 도저히 시간을 낼 수가 없었다. 지방의 집회와 강의가 방학 중에 계속 이어지기 때문이었다. 이 날도 지방에 내려가기 전 잠시 들렀을 때 정원이는 이렇게 말했다.

　"선생님, 저 신학대학 가고 싶은데요. 어디가 좋아요?"

　"신학대학? 좋은 데 많지. 그런데 신학대학 가서 뭐하고 싶은데?"

　정원이의 눈은 감겨 있었고 목소리도 작았지만 분명한 소망이 있었다. 희망의 목소리였다.

　"선생님처럼 하나님을 증거하는 사람이 될래요. 여기저기 다니면서 하나님을 드러내는 사람이 될래요. 선교사 말이에요. 선생님 저 데리고 다니실 거죠?"

　내 눈에서 눈물이 주루룩 흘렀다. 이 마음은 하나님이 주신 마음이리라. 하나님의 사명을 감당하기 위해 대학에 가기 원하는 나의 제자 정원이.

　'하나님! 이 기도를 들으시고 정원이를 일으켜 세워주소서.'

　"그럼 정원아! 그러니까 넌 꼭 일어나는 거야. 그 소망을 잃지 말고 말야. 하나님은 널 끝까지 책임지시고 널 사용하실 거야."

　한 번도 죽음을 내색하지 않는 아이였다. 신학대학에 대한 소망의 마음, 이러한 것은 분명 하나님께서 주시는 마음이리라.

의식을 잃었어요

　엊저녁 늦게 지방에서 올라오느라고 정원이 집에 가지를 못했다.

전화통화만 했다. 다소 힘이 없는 정원이였지만 목소리는 명확했다.
 잠을 자고 있는데 새벽에 정원이 어머니로부터 문자가 들어왔다.
 "선생님, 의식을 잃었어요."
 시계를 보니 벌써 아침 6시였다. 부리나케 옷을 갈아입고 정원이 집으로 향했다. 정원이의 호흡은 매우 거칠어져 있었다.
 "정원아, 선생님이야. 소리 들리지?"
 대답을 할 수 없을 정도로 가쁜 호흡을 하고 있는 정원이, 그러나 소리를 듣고 있다는 확신이 들었다. 나는 정원이를 붙잡고 기도했다.
 "하나님, 고통 가운데서도 우리를 위해 십자가에 돌아가신 예수님의 그 사랑을 기억합니다. 우리 정원이 하나님께서 사랑하시고 기억하시는 줄 믿습니다. 정원이 마음 가운데 평강을 주시고 강한 팔로 붙들어주시옵소서."
 정원이 어머니는 흐느끼고 있었고 내 눈에서도 하염없이 눈물이 흘러내리고 있었다.
 학교에 출근을 하는 날인지라 연락을 나누기로 하고 학교로 향했다. 차 안에서도 정원이 기도를 멈출 수가 없었다.
 그리고 오후 1시 40분 정원이 어머니가 전화를 하셨다. 그리고 전화에서 터져나오는 단말마의 비명 같은 외침.
 "선생님! 갔어요!"
 정원이는 그렇게 하늘나라로 갔다. 봄이 오고 새 학기가 되면 그렇게 교문을 열고 학교에 가고 싶어하던 정원이는 천국문을 열고 하늘나라로 갔다. 쌍문동 한일병원에 정원이의 빈소가 마련되었다.
 빈소에 달려갔다. 안치실로 내려가기 전 응급실에 누워 있는 정원이는 여느 때와 같은 모습이었다. 그 옆에서 정원이 어머니가 오열하고 있었다.

"정원아, 정원아, 네가 정말 선지자구나. 그래 내가 대학 나왔다고 잘난 체 하고 살았는데… 성경 말씀대로 이 세상 학문은 초등학문이로구나. 이제 복음생활 했으니 이제 중학교 입학한 거다. 이제 니 말대로 성경 많이 읽고 고등학문 할 거다. 내가 성질이 급해서 사람들 보고 답답해했는데 알고보니 나도 답답한 사람이다. 정원아! 내가 좀 느긋해지도록 기도해라. 정원아! 천국에서 윤덕수 목사님 뒤만 졸졸 좇아다녀라. 거기서 먹고 싶은 것 맘껏 먹고 물 먹으면서 먹어. 목 막히지 않게…"

정원이를 사용하시는 하나님

정원이를 사랑하는 친구들과 아이들이 보낸 편지가 쌓였다. 참으로 깨끗하게 살다가 천국으로 간 정원이 환송식에는 많은 사람들이 몰려들었다. 사흘째가 주일이어서 원래 교회장으로는 어렵지만 강북제일교회에서는 이례적으로 정원이 장례를 주일에 하기로 했다. 나는 교회의 일로 장례식에 참석하지는 못했다.

정원이 가족들은 생각보다 더 담담했고 하나님께 감사해 했다. 더욱이 정원이 한 사람을 통해, 그 가족들이 또한 많은 친구들이 하나님께로 돌아오는 역사를 허락하셨으니 얼마나 감사한 일인가.

장례를 모두 치른 다음 날 나는 정원이 집을 방문했다. 정원이가 누워 있던 빈 자리가 무척 커 보였다. 하지만 우리보다 먼저 간 천국의 길. 나는 고통 가운데서도 정원이의 흔들리지 않던 그 믿음이 떠올라 경외스럽기까지 했다. 물론 하나님께서 그렇게 강권적으로 붙잡아주셔서 가능했지만, 머리끝까지 퍼져버린 암세포와 싸우며 끝까지 희망을 잃지 않았던 정원이가 놀랍고 대견스러웠다.

정원이 어머니께서 정원이의 병상일기를 나에게 건네주시며 이렇게 말씀하셨다.

"선생님, 정원이는 소풍을 간 것 같아요. 금방 문을 열고 들어올 것 같아요."

저녁에 홍은성결교회 교사 세미나가 있었다. 이 때 나는 정원이의 삶을 증거했다. 하나님께서 어떻게 붙잡고 계시고 어떻게 사용하시는지를 그대로 증거했다. 나는 정원이를 사용하시는 하나님을 절감했다.

하나님께서 근육병으로 다가온 두 제자 문석이와 현욱이를 통해 예수님을 제대로 만나 어떻게 살아야 하는 지를 나에게 제시해주신 것이라면, 정원이는 나에게 예수 믿는 사람이 어떻게 죽어야 하는지를 알려주시는 하나님의 마음을 깨달은 것이라고 할 수 있을 것 같다. 어떤 상황 가운데서든지 소망을 잃지 않는 삶, 하나님을 바라보며 나아가는 삶임을 알게 하신 것이다. 간증을 하는 나와 그 자리에 모인 모든 분들은 감사의 눈물을 흘리지 않을 수가 없었다.

# 이성교제는 안 돼요

흐트러지는 아이들

영훈고 기독학생들 사이에 희한한 현상이 일어나고 있었다.

아이들이 1학기 기말고사 후에 잘 모이지 않고 흐트러지기 시작한 것이다. 특히 여름방학이 지난 9월 초 영훈 축제 공연을 두고 기도하며 준비해야 할 때인데 2학년 임원들부터 한마음으로 모이지 않고 있었다. 이건 또 뭔가 하는 생각이 내 머릿속을 지배했다. 1학년 25명도 마찬가지였다. 2학년이 구심점이 되지 못하니까 1학년들도 믿음이 있는 10명가량의 아이들을 제외하고는 물살에 표류하는 것처럼 방황하고 있었다.

나는 기독학생회의 또 한 번의 위기라고 판단했다. 기도하는 공동체에서 기도하지 않는다면 그것은 이미 죽은 공동체이다. 세상의 친목 모임이나 동호회 성격의 모임과는 다른 것 아닌가. 아이들을 면밀히 살피며 먼저 원인을 분석했다. 왜 이러한 현상이 나타나고 있는지 그 원인을 정확히 알아야만 문제를 해결할 수 있기 때문이었다.

2학년 임원들이 기독학생회 내에서 이성교제를 하고 있음이 드러났다. 자신들의 말로는 사귄다는 것이다. 그러니 1학년 후배들에게 모범이 되지 못하고, 무슨 말을 전하면 그 말이 후배들에게 먹혀 들어갈 리가 없었던 것이다.

이성교제 금지

영훈고 기독학생회는 공식적으로 이성교제를 금하고 있다. 여러 기독 공동체나 선교 단체 등에서도 우려되는 점이 많아 대부분 이성교제를 금하고 있다고 알고 있다. 실제로 몇 년 전에 기독학생회에서의 남녀학생들이 이성교제를 잘못하여 예배에 나오지 않고 기독학생회, 하나님마저 떠나는 모습을 보고 나는 이것을 강조했다.

"애들아, 우리는 하나님 안에서 한 가족으로 모인 거야. 그러니까 그 안에서 이성교제로 만나는 관계가 되면 이상한 거 알지? 가족끼리 어떻게 이성교제를 하겠니? 그러니까 우리는 모두 애인 이상으로 남친 여친 이상으로 가까워야 되는 관계야. 모두 사랑할 수 있어야 한다는 말이야. 우리는 한가족이니까. 알지?"

그러나 자라나는 청소년들인지라 믿음으로 인내하며 극복하기는 참 어려운 듯 싶었다. 하지만 나는 그럼에도 불구하고 밀고 나갈 수밖에 없었다. 선생님과 기독학생회의 방침이 그러니 드러내지는 못하고, 몰래 사귀는 녀석들도 있었다.

또한 2학년들의 리더십에도 문제가 있었다. 개인의 감정이 앞서고 있음은 분명히 하나님으로부터 멀어져 있다는 증거다. 성경공부를 해도 기도를 해도 예배를 드려도 말씀에 자신의 삶을 조명해 자신을 변화시키고자 하는 것이 아닌, 자신의 삶에 필요할 때마다 말씀을 적용하고자 하는 거꾸로 된 신앙인의 모습이 드러나고 있었다.

위기와 기회

일단 1, 2, 3학년 중 준비가 된 아이들에게 지속적으로 기도하도록 했다. 나 역시 기도하며 하나님의 인도하심을 구했다. 이러한 문제들을 만날 때마다 결국은 나 자신의 성숙이 필요하다는 것을 느꼈고, 이러한 과정은 다름 아닌 나를 훈련시키고자 하는 하나님의 깊은 뜻이 있었음을 깨달아왔다.

육신의 욕심을 좇기 시작하면 성령의 사람이 될 수 없다. 시험 전 '성령이여 임하소서' 의 주제로 8시간의 집회를 했던 아이들, 결국 또 한 번의 시험이라는 것이 확인되었다. 영적으로 힘들어지는 여름과 영훈 축제를 앞두고 또 한 번의 고비라는, 그러나 또 한 번의 새로운 기회를 주시려는 하나님의 인도하심이라는 마음이 들었다. 말씀으로 기도로 회복하라는 것 외에는 아무 것도 할 수가 없었다.

화요일 기독동문회 기도 모임 때 중보 기도를 요청했다. 작년만 해도 같이 영훈고에서 기도하던 아이들도 있었던지라 그 기도는 매우 간절했다. 눈물이 절로 나왔다.

성령의 사람

그리고 그 주간 기독학생들의 토요 예배 때 나는 '성령의 사람'이 라는 제목으로 말씀을 전하였다.

"내가 이르노니 너희는 성령을 좇아 행하라 그리하면 육체의 욕심을 이루지 아니하리라 육체의 소욕은 성령을 거스르고 성령의 소욕은 육체를 거스르나니 이 둘이 서로 대적함으로 너희의 원하는 것을 하지 못하게 하려 함이니라 너희가 만일 성령의 인도하시는 바가 되면 율법 아래 있지 아니하리라."
(갈라디아서 5:16-18)

나는 힘주어 아이들에게 말씀을 전할 수밖에 없었다. 흐트러진 마음들, 그리고 서로의 시기, 질투, 자신을 돌아보기 전에 남을 탓하고 있는 아이들….

"여러분! 성령의 사람은 전적으로 하나님의 뜻을 따르게 되어 있습니다. 그래서 세상의 영향을 받지 않고 도리어 세상에 선한 영향을 미치는 것입니다. 우리 영훈고 기독학생회는 성령공동체입니다. 예수님의 원수를 사랑하라는 사랑법을 실천할 줄 아는 공동체이어야 합니다. 우리의 분열과 안 좋은 마음들은 하나님께서 주시는 마음이 아닙니다. 이렇게 서로를 이해하지 못할 때 가장 즐거워하는 것은 누구이겠습니까? 바로 사탄일 것입니다. 그러니까 우리는 서로 진실하고 솔직해야 합니다. 거짓이 있으면 안 됩니다. 공동체의 규율도 잘 지켜져야 합니다. 밖의 공격보다 더 우리가 경계하고 예민하게 반응해야 하는 것은 내부에서의 거짓과 분열입니다."

나는 성경에 나오는 아나니아와 삽비라의 예까지 들며 공동체 안에서의 위선과 거짓은 죽음까지도 몰아올 수 있다고 힘주어 강조했다. 그러나 이것은 아이들에게보다는 나를 향한 확인이었고 다짐이었다. 언젠가부터 아이들에게 문제가 생길 때 나는 나의 믿음을 점검하고 있었고 내 가정을 살피게 되었다. 그러면 거의 나 자신의 허점을 살피게 되었고, 하나님께서는 다시금 기도 가운데 회복의 길로 인도하셨던 것이다.

아이들은 나를 주시했고 나는 아이들의 눈동자를 보며 성령께서 만지고 계신다는 확신을 갖고 있었다.

이성교제 안 할래요

다음 주 월요일 아침 일곱 시경 학교에 도착하여 기도를 하려 하는데 문자가 들어왔다. 정은이었다.

"선생님, 꼭 드릴 말씀이 있는데 언제 시간 있으세요?"

하는 물음이었다. 나는 곧 답장을 보냈다.

"아무 때나 오렴. 급한 일이면 지금 아침 시간에 잠깐 오구."

정은이는 곧 달려왔다. 그리고 예배실에 마주 앉았다. 정은이는 중

학교 때부터 은혜를 받고 교회와 학교에서 열심히 기도하며 하나님께 나아가는 신실한 아이다. 그런데 정은이는 무슨 말을 하려는지 매우 망설였다. 예전의 모습과는 사뭇 다른 표정이었다.

"정은아, 왜? 편하게 말하렴."

정은이는 겸연쩍은 웃음을 짓더니 말을 하기 시작했다.

"선생님, 저… 죄송해요. 이제 이성교제 안 하기로 했어요."

"응?"

"지난 주 설교 듣고 생각 많이 했어요. 이제 후련해요. 일단 대학에 가기 전에 절대 이성교제 안 할 거예요."

나도 짐작하고는 있었다.

아이들은 단순하게도 선생님의 눈만 속이면 된다고 생각했던 것 같다. 그리고 선생님은 모른다고 생각했던 것 같다. 그러기에 아이들이지 싶어서 슬며시 웃음부터 나왔다. 그리고 역시 순수한 정은이라는 생각이 들었다.

"정은아, 그래. 네가 기도하며 결단한 일이니까 선생님도 기도로 도우마. 하나님의 크신 인도함이 있으리라 믿어. 힘내고 열심히 생활하렴."

나는 정은이의 어깨에 손을 얹고 정은이의 마음을 열어 주심과 하나님의 인도하심에 감사하며 기도를 드렸다.

나를 돌아보며

오후에 2학년 임원들과 자리를 같이 했다. 아이들의 이야기를 하나하나 들어보았더니 아직도 온전히 회복된 것이 아니었다. 아이들은 3학년 선배들을 원망했으며, 1학년 후배들을 탓하고 있었다.

"선생님, 모이라고 해도 안 모이고 감정 상하는 말만 하고 정말 1학년들이 싫어요. 아니 다 싫어요. 저희는 축제도 안 할 거예요."

나는 눈을 잠시 감았다. 그리고 절대 화를 내지 않아야 한다고 화를 내면 이미 진 싸움이라고 나 자신을 추스르며 잠시 아무 소리도 내지 않았다. 한참을 그렇게 있다가 성경을 펼치도록 했다. 그리고 아이들에게 말을 건넸다.

"형제들아 사람이 무슨 범죄한 일이 드러나거든 신령한 너희는 온유한 심령으로 그러한 자를 바로잡고 네 자신을 돌아보아 너도 시험을 받을까 두려워하라 너희가 짐을 서로 지라 그리하여 그리스도의 법을 성취하라."(갈라디아서 6:1-2)

"너희들 정말 힘들었구나. 얘들아, 너희는 4명으로 25명의 후배들을 감당해야 하니까 힘이 드는 것이 사실일거야. 하지만 잘 생각해보렴. 너희들의 기도로 들어온 아이들 아니니? 아니 너희 기도의 응답으로 하나님께서 보내주신 것 아니니? 응? 그렇다면 하나님께서는 이미 너희들에게 그 아이들을 감당할만한 믿음을 주신 거야. 지금 축제 준비를 안 하고 기독학생회에서 서로를 미워하면 신나는 것은 사단밖에는 없어. 하나님은 얼마나 안타까워 하실까. 얘들아, 우리 다시 일어서자. 사실 선생님이 너희들을 섬세하게 돌보지 못한데 가장 큰 원인이 있다고 생각 돼. 우리 이 말씀 생각해보자. 응?"

나는 갈라디아서 6장 1절에서 2절의 말씀을 우리의 모습에 적용하였다. 특히 다른 사람의 잘못을 발견할 경우 나 자신을 돌아볼 줄 아는 지혜가 필요하다고 역설하였다. 아이들은 고개를 숙인 채 조용히 듣고 있었다.

나는 애가 탔다. 이러한 과정을 경험하고 또 거치고 해마다 반복되는 그러나 새로운 아이들이니 피할 수도 없는…. 하나님께서는 바로 이 끝없는 싸움을 계속하게 하셨다. 그러나 매우 소중한 사명임에는 틀림없다. 누군가 감당해야 할 우리 아이들에 대한 사명, 그 사명을 나에게 주신 것이리라. 나는 지치지 않게 해달라고 기도하며 나아갈 뿐이었다.

푯대를 향하여

나는 1, 2, 3학년 기독학생들에게 모두 연락을 하였다. 결국 회복되게 하시는 분은 하나님이며, 또한 회복할 수 있는 길은 말씀과 기도밖에 없었다. 그날을 방학식을 하는 토요일로 잡았다. 서너 명의 아이들을 제외한 35명의 아이들이 예배실로 모였다.

내가 예배 인도를 하였다. 찬양하며 기도로 나아갔다. 두 손을 들고 찬양할 때쯤 나는 새삼스럽게 놀랐다. 아이들의 찬양 소리가 그렇게 간절할 수 없었다. 그 뿐 아니라 기도 소리도 천정을 뚫을 정도였다. 내 마음처럼 아이들도 회복을 갈구하고 있었음을 느꼈다. 특히 2학년과 3학년 아이들은 목을 놓아 울며 기도하고 있었다.

"여러분, 기도할 때 눈물은 순수함을 말합니다. 간절함을 말합니다. 우리의 눈물이 눈물로만 그치는 것이 아니라. 우리의 마음이 하나님의 마음으로 바뀌어야 합니다. 여러분, 오늘이 바로 그 날입니다. 우리 기도하며 나아갑시다."

나의 인도에 아이들은 손을 들고 소리를 지르며 기도에 온 힘을 다하고 있었다. 내 기도 소리가 아이들의 소리에 파묻힐 정도였다.

'푯대를 향하여' 라는 제목으로 말씀을 전하였다.

"내가 이미 얻었다 함도 아니요 온전히 이루었다 함도 아니라 오직 내가 그리스도 예수께 잡힌 바 된 그것을 잡으려고 좇아가노라 형제들아 나는 아직 내가 잡은 줄로 여기지 아니하고 오직 한 일 즉 뒤에 있는 것은 잊어버리고 앞에 있는 것을 잡으려고 푯대를 향하여 그리스도 예수 안에서 하나님이 위에서 부르신 부름의 상을 위하여 좇아가노라 그러므로 누구든지 우리 온전히 이룬 자들은 이렇게 생각할지니 만일 무슨 일에 너희가 달리 생각하면 하나님이 이것도 너희에게 나타내시리라 오직 우리가 어디까지 이르렀든지 그대로 행할 것이라."(빌립보서 3:12-16)

"여러분! 미안합니다. 선생님이 부족해서 여러분들을 잘 살피지 못했어요. 하지만 이제 선생님을 용서해주세요. 그리고 서로를 용서합시다. 나를 힘들게 했던 선배, 후배 그리고 서운했던 동기. 또 내가 힘들게 했던 서로를 우리 모두 용서하고 예수님의 사랑법으로 감싸 안기를 바랍니다. 이제 우리는 푯대를 향하여 같은 눈으로 바라보고 나아가야 합니다. 여러분! 힘을 내요. 하나님께서 우리에게 고난과 진통을 허락하신 것은 기도하며 준비하게 하시고 또한 크신 은혜를 예비하셨기 때문이랍니다. 우리 오늘 같이 기도하며 나아가요, 간절하게 기도합시다. 선배를 붙잡고 후배를 붙잡고 우리 같이 기도하며 나아갑시다. 이 시간을 넘기면 안 됩니다. 선생님도 붙잡고 기도해주세요. 선생님도 기도가 필요합니다."

세 시간의 기도회

아이들의 기도 소리는 통곡에 가까웠다. 어쩌면 그렇게 가슴속에 짓눌려 있던 그을음들이 올라오는 지, 예배실 바닥에 뿌려지며 속이 후련해지는 느낌은 비단 나만이 느끼는 것이 아니었다. 손을 붙잡고 기도하고 끌어안고 기도하였다.

2학년 이삭이가 기도하다 말고 나에게 달려와 안기며 울었다. 불을 다 끈 상태에서 아이들은 무릎을 꿇고 두 팔을 들고 기도에 열을 올렸다. 예배가 시작된 지 한 시간이 지나고, 두 시간이 지났지만 시간이 문제가 아니었다.

나는 그동안 힘들었던 선배, 후배들을 찾아가 둘씩 짝을 짓고 기도하게 했다. 아이들의 기도 소리보다 우는 소리가 더 크게 들렸다. 약 30분가량을 그렇게 기도한 후 아이들을 모두 둘러서게 했다. 짧지만 돌아가며 한 사람도 빠지지 않고 기도하도록 했다. 아이들의 눈에도 내 눈에도 눈물이 쉴 새 없이 흐르고 있었다. 눈물은 흘렸지만 얼굴은 평화로워지고 있었다.

하나님께서 기뻐하고 계셨다. 성령께서 주관하고 계셨다.

나를 용서해줘!

나는 아이들을 한 사람씩 끌어안고 기도했다. 아이들을 안을 때마다 미안함이 북받쳐 올랐다. 1학년 현숙이를 붙잡고는 그냥 울고만 있는 나를 발견했다. 회장인 은솔이 앞에 섰다. 이미 눈물범벅이 된 은솔이는 나를 쳐다보는 순간 더 많은 눈물을 쏟고 있었다. 나는 천천히 말했다.

"은솔아, 선생님이… 널 아프게 하고 상처준 것 용서해줘!"

은솔이는 고개를 좌우로 흔들더니 내 어깨에 머리를 묻고 울 뿐이었다. 아이들은 세 시간 동안의 예배를 통하여 온전히 회복되고 있었다. 개인 기도를 마치고 학년별로 가운데 앉힌 상태에서 합심기도를 하였다. 가장 먼저 3학년, 2학년, 1학년, 마지막에는 나를 붙잡고 기도하였다. 나는 바닥에 무릎을 꿇었다.

"여러분! 정말 미안합니다. 부족한 선생님 만나서 여러분들이 그동안 너무 힘들었던 것 같아요. 그러니까 선생님을 위해 더욱 기도해주세요. 여러분들의 기도가 없으면 선생님도 쓰러질 뿐이랍니다. 저 좀 꽉 붙잡고 기도해주세요."

아이들도 내 앞, 뒤에 모두 무릎을 꿇었다. 그리고 온 힘을 다하여 소리 높여 기도하기 시작했다. 기도가 계속될수록 회복의 영은 우리를 감싸고 있었다.

아이들 몇이 이어서 릴레이 기도를 했다.

"하나님, 3학년 선배들을 미워하고 원망한 것 용서해주세요."

"우리 후배들을 잘 돌보지 못한 것 용서해주세요."

"우리 사랑하는 최관하 선생님을 위해 더욱 기도하지 못한 것 용서해주세요."

아이들과 나는 성령께서 주시는 감동으로 자맥질 같은 울음을 계속했다. 우리는 얼굴에 눈물이 범벅이 된 상태에서 회복의 희열을 맛보고 있었다.

명품인생을 위하여

모둠일기 '명품인생을 위하여'

금년에도 어김없이 모둠일기를 썼다.

고3 남학생, 입시생들에게 글을 쓰게 한다는 것이 얼마나 어려운 일인지는 누구나 다 알고 짐작할 수 있는 일이다. 더욱이 한 차례로 끝나는 것이 아니라 일 년을 지속적으로 써야 하는 일기는 큰 부담을 가질 만한 일이다.

그러나 어떠한 일이든 교사가 바른 소신을 가지고 지속적으로 추진할 때 좋은 결실을 맺을 수 있다. 이 모둠일기는 무엇보다 교사 자신의 내면 표출과 아이들에 대한 신뢰, 사랑의 마음이 담겨 있을 때만 가능한 일이다. 왜냐하면 교사가 아이들보다 더 많은 일기를 써야 하고, 또 매일 써야 하는 수고가 있어야 하기 때문이다.

사랑에는 수고가 따르게 되어 있다. 수고 없는 사랑은 이미 사랑이 아니다. 그 사랑의 결실이 미래에 나타난다는 기대감만으로도 우리는 행복감을 소유할 수 있다. 그러나 한 번으로 끝나는 것이 아니라, 모둠일기처럼 매일 작성하는 것은 하루하루 작은 결실을 맛볼 수 있기에 더 크고 기쁜 감동이 있다.

글쓰기 싫어하지 않아요

아이들은 글 쓰는 것을 싫어하는 것처럼 보인다. 그러나 사실은 전혀 그렇지 않다. 아이들은 생각이 많다. 자신들 삶의 여러 부분 중 무엇을 우선순위에 놓을까 고민한다. 그리고 최우선 순위에 놓인 것에 대해서는 잠도 자지 않고 시간을 줄여가면서 투자한다. 자신의 몸과 마음을 다해 그것에 올인 한다. 중요한 것은, 계획한 일에 대한 아이들의 관심이 얼마나 집중되어 있는가 하는 것이다. 얼마나 열정적으로 받아들이고 있는가 하는 것이다. 그것이 긍정적이라면 계획한 일은 이미 결실을 볼 수 있게 된다.

담임을 맡을 때마다 모둠일기를 고집스럽게 써 왔다.

메일 세대, 모바일 문자세대에게 자신의 필체로 일주일에 한 번 꼴로 쓰는 모둠일기, 게다가 공개적으로 자신의 일상을 드러내야 하는 것은 부담스러운 일이다. 그러나 이 고백들이 학급을 하나로 묶어주고 서로를 이해하며 감싸주는 아름다운 고리의 역할과, 일 년간의 자신들의 삶이 녹아있는 추억의 장이 될 것이 틀림없다는 판단 하에 나와 우리 아이들은 모둠일기를 써왔던 것이다.

활동과 다양한 모둠 이름

모둠장이 선출되고 모둠가와 구호도 만들었다. 청소는 모둠별로 하고, 때때로 자리 배치도 모둠 중심으로 했다. 장기자랑, 모둠별 학급 체육대회도 했다. 모둠 중심의 학급운영으로 나의 학급은 항시 활기차고 즐거웠다.

세월이 흐를수록 모둠일기의 이름도 다양했다.

"대발이 모둠, 아홉 개의 숟가락, 일석이조, 단발머리, 색남색녀, 다담, 미소년, 폼생폼사, 빅토리, 짱, 불사파, 오늘부터 우리는…"

시대상과 아이들의 정서가 결합하여 멋진 이름들이 탄생했다. 금년 영훈고 3학년 남학생 아이들의 모둠 이름은 다음과 같다.

"노인정(노력, 인내, 정열), 젠틀맨, 시나브로, 깨달음, PHONE, 어서오세영"이다.

이 모둠일기는 여러 선생님들에게도 확산되고 매스컴에도 소개 되었다. 그러나 대부분의 선생님들이 의욕적으로 시작했다가 도중에 실패하는 것을 많이 보게 된다. 그 원인은 아이들이 말을 듣지 않는다는 것이다. 써도 성의 없이 쓰고, 잘 가져오지도 않고, 더욱이 욕이나 낙서 같은 것이 대부분이라는 것이다.

그러나 기본적으로 교사가 한 번 아이들과 약속하고 시작하면 도중하차해서는 안 된다. 도중에 포기하면 시작 안하느니만 못하다. 그래서 나름대로의 치밀한 계획과 준비가 필요하다. 잘 따르지 않을 경우를 생각해서 벌칙을 세우는 것도 필요하다. 우리 반 같은 경우에는 한 번 가져오지 않을 경우, 그 모둠이 청소를 하고 해당 학생은 한 번 더 모둠일기를 써야 한다. 아이들은 자신 때문에 다른 친구들이 피해를 입는다든가 또는 자신이 어떠한 일로 욕먹는 것을 좋아하지 않는다. 그러나 무엇보다 교사의 성의 있는 인내와 관심, 격려 등이 우선시되고 그것이 설득력 있게 전달될 때가 가장 좋다.

결실과 아쉬움

매년 모둠일기를 쓰면 공책으로 6권에서 8권 정도가 나온다. 10여 년 전 1학년 여학생반을 담임했을 때는 무려 20권 가량의 모둠일기를 썼다. 한 모둠 당 3권 가량의 공책을 사용한 것이다. 물론 그 때는 핸드폰도 이메일도 사용하기 전이었고 편지와 쪽지 등이 오가는 때였기에 더욱 그러했을 것이다. 그러나 무엇보다 아이들의 마음이 모둠일기를 통해 위로와 격려, 흥미와 나눔이 잘 이루어졌기에 가능했던 일이었다.

모둠일기를 다 쓰고 그것을 모두가 소유하는 것이 중요한 줄은 알지만 쉬운 일은 아니었다. 수 백 쪽이 되는 일기, 워드 작업을 한다 해도 쉬운 일이 아니었고, 시간과 물질 또한 필요했다. 그래서 아이들 한 명 당 두 세 편의 일기를 뽑아 모둠일기집을 발간했고 그것을 책으로 만들어 한 권씩 나눠가졌다. 아이들은 자신들의 글이 책으로 만들어지는 것을 매우 기뻐했지만 또 한편으로는 아쉬워했다. 대부분의 내용을 간직할 수 없고 또 자신들의 필체가 아닌 워드로 작업된 것이었기 때문이다.

고 3남학생 403쪽의 모둠일기

해마다 아쉬움을 가지고 학급문집 정도의 분위기와 200쪽 가량의 부피로 모둠일기집을 부분적으로 만들어내던 중 금년에는 욕심이 생겼다. 고3 아이들이고 또 무척 열심히 잘 썼다는 판단 하에 아이들의 필체가 살아있는, 한 쪽도 버리지 않는 모둠일기집을 만들고자 했던 것이다.

그래서 아이들이 쓴 일기를 모두 복사했다. 그랬더니 450쪽 가량이 나왔고 크기도 B4 가량이 되었다. 학급 인원이 40명이니까 50권 가량만 만들면 되겠다 생각하고 인쇄소에 맡겼다. 견적이 나왔는데 100만원 가량 든다고 했다. 아무래도 무리가 생겨서 A4로 축소, 그랬더니 65만원, B5로 축소했더니 46만원 그 이하로는 축소하기가 어렵다고 했다. 물질적 부담이 생겼고, 처음의 계획에는 못 미쳤지만 아이들의 글씨가 살아 있다는 것과 작지만 내용을 모두 담고 있다는 것으로 모둠일기집의 발간의 기쁨을 마음껏 누릴 수 있었다. 학급 아이들이 5천원 씩을 부담했고 나머지는 내가 기쁜 마음으로 감당했다. 그래서 영훈고 3학년 남학생들의 403쪽 모둠일기가 세상에 나오게 되었다.

입시 면담을 하고 이제 대학에 원서를 접수하는 때다. 오는 아이들에게 한 권씩 건네주면 아이들은 너무도 잘 만들어진 모둠일기를 손에 들고 놀라워하며 또 기뻐한다. 자신들의 삶이 농축되어 있는 일기, 그리고 친구들과 담임교사와의 기억들이 그 모둠일기를 통해 아름답게 반추될 것이다.

나의 소망은 그동안 십 수 년간 쌓여 있는 아이들의 흔적, 모둠일기가 책으로 고스란히 만들어지는 것이다. 그때의 제자들이 장성해서 모둠일기를 보고 싶다고 했을 때 나는 그 때의 글씨가 살아있는 그대로의 일기를 건네주고 싶다. 그 당시 학창 시절의 사랑하는 제자들의 모습과 마음을 그대로 담아서 말이다.

다시 한 번 강조하지만 사랑에는 수고가 따른다. 시간의 수고, 몸의 수고 그리고 물질의 수고가 따른다. 그러나 이 수고가 우리 아이들을 사랑하는데 걸림돌이 되지는 못한다. 가장 중요한 것은 외부적 요인이 아니라 아이들을 사랑하는 마음이 있느냐 하는 것과 그 사랑을 어떻게 얼마나 절실하게 표현하느냐에 있는 것이다.

명품인생 명품사랑(학급 회장의 소감)

2006년 3월. 3학년 2반에는 수능이라는 커다란 벽 앞에 한 발짝 다가서고 있는 우리들이 모였다. 그리고 우리 담임선생님은 최관하 선생님이었다. 대부분 '대한민국 고3' 이란 명찰을 지닌 학생들을 담당하는 선생님들은 무섭다고 들었지만 우리 선생님은 정 반대였다. 함께 기도하고, 반가도 부르는 정다운 학급에는 특별함이 있었다. 그 중 특히 눈에 띄는 것이 "모둠일기" 였다. 노인정, 젠틀맨, 시나브로, 깨달음, PHONE, 어서오세영 각각 6~7명 정도의 조원들이 돌려가며 일기를 썼다. 이것이 모둠일기이다. 그리고 이제 우리가 1년간 꾸준히 써 온 모둠일기를 한 권의 책으로 모아 추억으로 간직하려 한다. 나중에 시간이 지난 후에도 모둠일기를 읽음으로써 고3의 마음으로 돌아올 수 있는 시간을 가질 수 있기 바란다.

하하 이제 수능이 끝나고 시간이 꽤 흐르고, 모두 폐인이 되어가고 있지? 이제 당분간 감기에 걸려도 공부에 방해될까 걱정하지 않아도 되고, 몇 시간 정도는 의미 없이 흘려보낼 수 있게 되었어. 하지만 그렇다고 평생 이럴 순 없잖아? 수능이 끝나고 대학에 입학한 후에는 고등학교 공부와는 다른 연장선상의 대학 공부를 해야하겠지. 새로운 시작이라고 해야할까? 친구들아! 나중에 어른이 되어서도 지금 고3교실에서의 생활처럼 활기찬 삶을 살아가며 만나서 즐겁게 마주할 수 있길 바래.

마지막으로 1년 동안 저희를 이해와 사랑 그리고 기도로 이끌어주신 최관하 선생님!! 감사합니다. 선생님께서 강조하시는 '비전'을 항상 지니고 있을게요. 정말 특별한 1년 동안의 학급생활이었어요. 감사합니다.

LUXURIOUS LIFE FIGHTING!!

1학기 학급회장 김동건

밖은 눈발이 몰아칠 듯 어둑어둑합니다. 소맷자락을 쥐고 흔드는 칼바람이 완연한 겨울, 완숙과 되새김의 계절이라는 걸 일러줍니다.

우리 처음 만나던 날도 이렇게 숨죽인 날이었지요. 내 영역은 여기까지, 이 밖은 '다른 어떤 이'의 자리, 반숙도 못 된 눈빛들이 어색하게 호흡을 고르던 그런 어떤 날….

차면 기우는 것이 달이고, 넘어가면 마주하는 것이 새로운 오늘인 것처럼 어떤 날은 이제 어제가 되어 이 자리에 추억으로 남았습니다. 추억은 추억과 만나고, 만남은 노을처럼 방긋 둘러서 손짓합니다. "친구야 반갑다." "친구야 고마워." "친구야 사랑한다."

추억을 담았습니다. 기억의 흔적을 모았습니다. 머리 반 넘게 벗겨진 아랫배 불룩한 중년의 나에게도 아련한 웃음이 될 어제의 나를 새겼습니다. 우리라는 말이 낯설지 않은 순수한 고뇌와 열정이 오늘을 향해 미소하고 있습니다.

입시에 찌들어 나를 돌아볼 생각도, 내 옆자리를 걱정할 마음도 내지 못하던 수험생활에 반성과 활력이 되어준 모둠일기 앞에서 두 손 모아 기도합니다.

"어제의 열정과 오늘의 패기를 더해 내일의 비전과 희망을 열게 하소서."

뜻깊은 2006년, 한 해가 저무는 12월의 어느 날, 한 해의 추억과 기억을 담은 타임캡슐이 가슴을 두근두근 뛰게 해 마냥 기쁜 어제, 혹은 오늘의 기억 한 마디로 인사말을 대신합니다.

끝으로 이러한 추억의 장정을 진두지휘하신 최관하 담임선생님께 이 기쁨을 돌립니다. 40인의 명품인생을 위해 선생님께서 보여주신 명품 지도력, 명품 사랑은 추억과 기억 희망으로 영원히 간직하겠습니다.

그리고 일 년이라는 짧지 않은 시간 함께 해온 친구들, 사랑합니다.

2학기 학급회장 조민호

위제트 샘을 사랑하는
39가지 이유

당신은 행복한 사람이야

일을 모두 마치고 집에 들어서자, 아내가 주방에서 나를 보고 한마디 던진다.

"당신은 정말 행복한 사람이유!"

"아니, 왜?"

아내는 무엇이 그리 좋은지 계속 웃으며 큰 소리로 말했다.

"내일이 당신 생일이라고 엄마가 사위 먹을 미역국이라고 끓여 갖고 왔으니… 참내~ 사실 나도 지금 당신 미역국을 끓이려고 했단 말이야. 미역도 새로 사왔는데, 엄마가 선수쳤네."

현재 목회를 하고 계신 장모님 댁은 우리 집에서 불과 5분 거리밖에 되지 않는다. 내가 결혼한 지 십 수 년이 지났으니 신혼도 아니고, 또 그전에 이렇게 미역국을 끓여 오신 기억은 없는데 장모님이 직접 미역국을 끓여 가지고 오셨다니 이번은 좀 특별한 생일맞이라는 생각이 들었다. 아내는 미역국을 점심 도시락으로 싸 주었다. 나는 장모님의 마음을 느끼며 미역국을 점심으로 맛있게 먹었다.

매년 생일처럼 이번에도 장모님은 5만원을 준비해서 나에게 축하한다고 하시며 주셨다. 그 봉투에는 이렇게 적혀 있었다.

"할렐루야! 자네 생일을 축하하네! 늘 건강하고 주님이 주시는 평강을 누리며 주님이 쓰시고자 하는 대로 잘 사용되기를 예수님의 이름으로 축복 기도한다네. 자네를 사랑하는 어머니가"

아무에게도 말하지 않았어요

학교에 와서도 아이들이나 다른 선생님들에게 나의 생일을 알리지 않았다. 그저 조용히 지나면 될 일이라고 생각했다.

점심시간 무렵, 제자이며 영훈선교회 간사인 인화가 학교에 왔다. 나를 보며 "생신 축하드려요."하면서 후리지아 꽃다발과 케익을 내밀었다. 나는 깜짝 놀라며 말했다.

"아니, 어떻게 알았니? 난 아무 말도 안 했는데."

인화는 생글생글 웃으며 말했다.

"어떻게 알게 됐어요."

마침 책상 위에 꽃이 다 시들어 가던 때에, 좋아하는 후리지아를 받으니 무척 기뻤다.

"고마워! 기쁘다."

이상한 아이들

학교 예배실로 내려왔다. 점심시간마다 모여 기도하는 점심찬양 기도회가 있어서였다. 이미 서너 명의 기독학생들이 와 있었다. 그런데 이상하게도 누구를 기다리는 건지 아이들이 우왕좌왕하고 있었다. 나는 평소와 다른 아이들에게 이상한 느낌이 들었지만 아직 모두 오지 않은 상태이니까 조용히 기다리기로 했다. 그런데 시간이 5분 이상 지나도 아이들은 다 모이지 않았고 나는 은근히 화가 나고 있었다.

'참아야지, 그래도 오늘이 내 생일인데… 이 녀석들 도대체 뭐야.'
예배실에 있던 아이들마저 "아! 언니다"하면서 밖으로 뛰어 나갔다. 예배실에는 나만 덩그러니 남게 되었고, 나는 화를 억누른 채 조용히 눈을 감고 기도에 들어갔다. 밖의 계단에서는 "언니…, 어쩌구…."하는 소리가 계속 들렸다.

'저 녀석들 점심밥은 언제 먹으려고…, 기도 안 할 건가…, 도대체 오늘 왜 이래?'

이런 생각이 미쳤을 때 갑자기 불이 꺼졌다. 그리고 이어서 아이들이 계단을 내려오는 것이 느껴졌다. 노랫소리와 함께 아이들이 들어오기 시작했을 때 나는 그제야 모든 상황을 파악했다. 아이들은 축복송을 부르고 있었고 2학년 나현이는 환하게 빛나는 촛불이 꽂인 초코파이를 들고 있었다.

눈물 흘리며

그것을 지켜보던 나는 지금까지 속에서 올라오던 화를 어찌할 줄 몰랐다. 그러나 그것도 잠시, 이내 큰 감동으로 바뀌었다. 아이들이 준비한 것은 나의 생일을 축하하기 위한 이벤트였다. 나중에 안 사실이지만 인화가 아이들에게 연락을 한 것이었다.

"오늘이 선생님 생신이라구…."

축복송이 끝난 후 아이들은 나를 가운데 앉히고 내 손과 몸을 잡고 간절히 기도했다. 나의 눈에서는 어느덧 감동의 눈물이 흘러내리고 있었다.

"… 제가 기도하고 이어서 선생님이 기도하시겠습니다."

나현이의 마무리 기도가 이어졌다.

"하나님 아버지, 오늘 우리 최관하 선생님 생신을 축하하도록 인도해주셔서 감사합니다. 앞으로 더욱 우리를 사랑하게 하시고 하나님이 주신 사명을 잘 감당하실 수 있도록 해주세요."

나현이가 기도하는 동안 나는 성령님이 주시는 큰 감동을 또 느끼고 있었다. 이어서 내가 기도했다.

"하나님, 오늘 45번째 생일을 맞기까지 건강히 살게 하시고 인도해 주신 은혜를 감사합니다. 앞으로의 남은 삶이 하나님을 위해 헌신의 삶이 되게 하여주시옵소서. 끄억 끄억…. 우리 아이들을 하나님의 사랑으로 더 사랑할 수 있게 해주시옵소서."

감사의 마음이 자맥질로 나타나고 있었다. 나의 마음은 하나님께 대한 감사, 그리고 아이들에 대한 고마움으로 가득 차올랐다.

3학년 교실에서

기독학생들과의 감동을 가슴에 안고 3학년 여학생의 수업에 들어갔다. 나는 아이들의 이름을 부르며 출석을 확인한 후에 이렇게 말했다.

"오늘 수업 시작 기도는 여러분 중에 누군가가 하면 좋겠어요. 오늘은 선생님을 축복하는 기도를 포함해서 말이에요."

아이들은 수군거리다가 다시 나에게 집중하였다.

"그 이유는 오늘이 제 생일이기 때문입니다."

아이들은 "와!"하면서 '생일 축하 노래'를 부르기 시작했다. 손뼉을 치며 부르는 고3 여학생들의 생일 축하 노래, 흥겨움의 노래가 끝나자마자 나는 또 말했다.

"감사합니다. 그러나 노래는 노래고 기도는 누가 할 건가요? 아! 교회에 나가지 않는 친구가 해도 좋습니다."

나는 눈을 감고 기다렸다. 이럴 때 아이들은 잠시 고민하며 옆의 친구 옆구리를 찌른다.

"야! 니가 해."

속삭이는 소리를 모르는 척 하고 있으면 누군가 기도를 시작한다.

이날도 그랬다. 잠시 후 현애가 기도를 시작하였다.

"하나님, 오늘은 우리를 위해 항상 기도해주시는 사랑하는 최관하 선생님의 생신입니다. 더욱 건강하게 해주시고…."

현애의 기도는 계속되고 나는 또 눈물을 흘리고 있었다. 아이들도 모두 한마음으로 기도하고 있음이 느껴졌다. 아이들의 기도는 축복 그 자체다. 나는 현애의 목소리를 통한 우리 아이들의 사랑을, 그리고 기도하게 하시는 하나님의 사랑을 받으며 무척이나 큰 행복을 누렸다.

선생님을 사랑하는 39가지 이유

그리고 나는 또 한 가지 큰 선물을 받았다. 이 학급의 여학생들 39명이 '선생님을 사랑하는 39가지 이유'를 써서 가져온 것이다. 39칸이 나누어져 있고 거기에는 번호가 1부터 39까지 씌어져 있었다. 자기 학급 번호에 해당되는 난에 자신이 생각하는 '사랑하는 이유'를 쓴 것이다. 이것은 얼마 전 내가 아이들에게 가르쳐 준 것인데 아빠나 엄마에게 해보라고 한 방법이다. 그것을 아이들이 나를 대상으로 쓴 것이다. 다음은 아이들이 쓴 '선생님을 사랑하는 39가지 이유'이다.

위제트 샘을 사랑하는 39가지 이유

1. 언제나 따뜻한 마음으로, 사랑으로 기도하시는 선생님을 사랑합니다.
2. 따뜻한 마음, 빛나는 이마, 센스 넘치는 빠숑(패션)과 기도를 사랑합니다.
3. 아이들을 먼저 생각하시고 기도해주시는 선생님을 사랑합니다.
4. 선생님의 뛰어난 패션 감각과 빛나는 이마, 기도 소리를 사랑합니다.

5. 아이들의 고통을 치료해주시려고 항상 기도하시는 선생님을 사랑합니다.

6. 신앙심 깊고 늘 아이들을 사랑하시고 모든 일에 열정적인 선생님을 사랑합니다.

7. 항상 열정을 갖고 열심히 가르쳐주시는 선생님을 사랑합니다.

8. 우리를 위해서 항상 기도해주시고 멋진 이마를 가지신 선생님을 사랑합니다.

9. 우리를 위해 기도해주시는 최관하 선생님을 사랑합니다.

10. 우리들을 위해 고생하시고 애쓰시는 선생님을 사랑합니다.

11. 영훈고등학교를 사랑이 넘치는 학교로 만들어주시는 선생님을 사랑합니다.

12. 항상 열정을 가득 품고 계신 선생님을 사랑합니다.

13. 독서 시간이 기다려지게 만드신 선생님을 사랑합니다.

14. 마음이 따뜻해지는 너무 착하신 선생님을 사랑합니다.

15. 쌍꺼풀이 멋진 선생님 사랑해요!

16. 언제나 우리에게 관심을 기울이시는 선생님을 사랑합니다.

17. 언제나 인자하시고 따뜻하신 선생님, 하나님의 사랑을 받고 계신 선생님을 사랑합니다.

18. 우리를 위해 기도해주시는 선생님을 사랑합니다.

19. 저를 사랑하시는 선생님을 사랑합니다.

20. 수업 시간 전에 잠깐이지만 감동적이고 재미있는 이야기를 들려주시는 눈이 맑은 선생님을 사랑합니다.

21. 모든 일을 열정적으로 하시는 선생님을 사랑합니다. 뒷머리 삐

친 것도 사랑합니다.
22. 이영애 저리 가라! 이영애처럼 맑고 깨끗한 피부와 눈을 가진 선생님을 사랑합니다.
23. 웃음이 매력적인 선생님을 사랑합니다.
24. 기도로 수업을 시작하시는 선생님을 사랑합니다.
25. 울다 생긴 쌍꺼풀을 가지고 계신 선생님을 사랑합니다.
26. 이마가 빛나고 재미있는 이야기를 많이 해주시는 선생님을 사랑합니다.
27. 한 시간으로 열 시간의 효과를 만들어주시려는 선생님을 사랑합니다.
28. 매일 우리를 위해 기도해주시는 선생님을 사랑합니다.
29. 따뜻한 기도와 글들을 읽어주시는 선생님을 사랑합니다.
30. 우리들을 위해 기도해주시는 선생님을 사랑합니다.
31. 착하고 여린 마음의 국어 선생님, 사랑합니다.
32. 다른 사람을 위해 항상 기도하시고, 기도하고 싶은 마음을 팍팍 들게 하시는 선생님을 사랑합니다.
33. 눈물이 많으시고 사랑으로 우리를 대해주시는 선생님을 사랑합니다.
34. 부러운 쌍꺼풀의 소유자 쌍수(쌍꺼풀 수술) 필요 없는 선생님을 사랑합니다.
35. 우리의 고민거리를 상담해주시고 아빠처럼 푸근한 선생님을 사랑합니다.
36. 우리들을 위해 항상 열심히 기도해주시는 최관하 선생님을 사

랑합니다.
37. 우리들의 마음을 편안하게 기도해주시는 선생님을 사랑합니다.
38. 항상 기도해주시는 선생님 사랑해요.
39. 항상 저희를 위하여 기도해주시고 친근하게 대해주시는 선생님을 사랑합니다.

색색의 펜으로 쓴 이 '사랑하는 이유'는 나의 마음속에 깊은 감동을 주었다.

특별히 아이들의 쓴 대부분의 내용이 '기도'에 대한 이야기 때문이기도 했다. 하나님께서는 이러한 방법을 통하여 아이들에게 기도를 통한 위로와 평강, 새로운 소망을 불어넣어주고 계셨다.

나는 이 글을 전달받고 읽으며 참 많은 감사의 눈물을 흘렸다. 다음 번 수업 시간에 나는 아이들에게 외쳤다.

"애들아 정말 고마워! 생일 턱으로 너희 모두 밥 사 주마. 날 잡아라!"

아이들은 "와!" 하며 탄성을 질렀다.

그리고 며칠 후 나는 아이들에게 기꺼이 거금을 투자하여 김치찌개로 식사를 대접했다. 정말 기쁜 마음으로….

 # 저 '왕따' 예요

복도를 지나며

수업 후 왁자지껄한 복도를 지나는 데 한 여학생이 내 눈에 들어왔다. 웬일인지 고개를 푹 숙이고 혼자 터벅터벅 걷고 있는 모습이 순간 측은하게 느껴졌다.
"얘야!"
내가 부르는 소리에 그 여학생은 고개를 들었다. 그 아이는 현재 내가 가르치지는 않지만 알고 있는 아이였다. 평소에 친구들과 함께 재잘거리던 밝고 명랑한 모습으로 기억되는데, 이 날은 전혀 그렇지 않았다. 내 눈을 빤히 쳐다보고 있는 영미에게 나는 조용히 그러나 힘 있게 물었다.
"선생님에게 뭐 하고 싶은 말 있지 않니?"
그 때 그 아이의 눈동자가 잠시 흔들리는 걸 느꼈다. 눈동자가 흔들린다는 것은 마음이 움직인다는 증거다. 영미는 이내 내 뒤를 따라왔다. 나는 학교 기록보존실로 가는 동안 마음속으로 기도했다.

"하나님, 이 아이에게 힘을 주시옵소서. 무엇보다 하나님께서 만나주셔서, 무엇인지는 모르지만 문제 가운데서도 일어날 수 있는 길을 열어주시고 해결하여 주시옵소서."

저 왕따예요

기록보존실, 학교 안에 있는 유일한 온돌방. 영훈고의 가장 중요한 문서와 기록물이 보관되어 있는 이 공간에서 나는 아이들과 많은 밀담을 나눈다. 심지어 몸이 아픈 아이들은 양호실보다 이곳을 더 찾기도 한다.

영미에게 자리를 정해주고 잠시 기다렸다. 얼굴에는 미소를 띠고 한동안 영미를 주시하고 있었다. 영미는 나를 보는 듯 하다 고개를 푹 숙이더니 대뜸 말했다.

"선생님, 저 왕따예요."

평소에 활달한 영미식으로 얘기했더라면 나는 이 말을 농담으로 들었을 것이다. 그러나 농담이 아니었다. 영미의 힘든 마음은 나에게 고스란히 아픔으로 전달되었다.

아이들을 양육하는 입장에서는 아이들의 이러한 고백에 먼저 당황하거나 놀라서는 안 된다. 큰일 났다는 감정을 드러내서도 안 된다. 단지 먼저 공감하고 느끼기 시작하면 된다. 그것이 아이와 이야기가 끊어지지 않고 계속될 수 있는 방법이다.

전학가고 싶어요

나는 일부러 웃으면서 말했다.
"와! 영미가 왕따면 우리 학교 아이들 모두 왕따 아니니?"
나의 농담 섞인 말에 영미는 순간 웃는 듯 했다. 그러나 그것도 잠시 영미는 이어서 술술 이야기를 풀어나가기 시작했다. 그 이야기를 요약하면 다음과 같다.
영미는 아이들과의 관계가 매우 좋았다. 그러나 요즈음 아이들이 특히 여학생들의 세계는 한 학급 내에서도 몇 명씩의 그룹이 형성된다. 그리고 그 안에서 한 아이가 마음에 들지 않으면 왕따를 시킨다. 영미는 가장 친한 친구에게 왕따를 당했다고 했다. 그리고 그 아이와 같이 있는 학급에서 생활을 하기가 싫어 전학을 생각하고 있다고 했다.
"선생님, 그래서 어제 엄마하고 대판 싸웠어요. 엄마는 어디로 가든지 그런 일은 또 일어날 수 있다고 하시면서 참으라고 하시는데, 전 정말 하루도 학급에 있기가 싫어요. 선생님, 저… 정말 죽고 싶을 정도예요."
참고 또 참은 듯한 눈물이 영미의 볼을 타고 흘러 내렸다. 나 역시 마음속에 눈물이 고여 내 눈에 가득했다. 잠시 아무 말도 하지 않았고 마음으로 동반하고 있었다.

교회에 나가기 시작했어요

나는 따뜻한 목소리로 영미에게 말했다.

"영미야, 정말 많이 힘들었겠구나. 그래서 그렇게 밝던 네가 풀이 죽어 있었구나."

영미는 나의 목소리를 들으며 더욱 훌쩍거리기 시작했다. 나는 마음이 매우 안타까웠다. 이 아이를 끝없이 격려해야 한다는 마음을 가지고 계속 말을 이었다.

"영미야, 지금은 좀 힘들지만 길이 있을 거야. 네가 전학을 가는 것도 방법이긴 하지만 엄마 말씀처럼 계속 이런 일이 반복된다고 보면 계속 전학만 다닐 수는 없지 않니? 그치?"

영미는 고개를 들었다.

"맞아요, 선생님. 그래서 참고 그 아이랑 얘기하면서 해결하려고 해도 쌩까('안면몰수'라는 뜻의 아이들 은어)고 문자도 씹어요('문자를 받고 회신을 보내지 않는다'는 뜻의 아이들 은어). 그래서 포기했어요."

"그랬구나. 영미는 교회에 나가니? 기도해 본 적은 있니?"

"몇 주 전부터 나가고 있었는데 지난 주는 안 갔어요. 저를 왕따 시킨 아이들 중 한 명이 저를 전도했는데 제가 어떻게 나가겠어요?"

나는 순간 무척 놀랐다. 정신이 아득했다. 영미의 말대로라면 교회를 먼저 다니는 친구, 그 아이가 영미를 전도한 후 왕따 시킨 거란 말이 아닌가? 물론 계획적으로 그런 것은 아니라 할지라도 결과적으로 이것은 처음 교회에 나가는 영미와 같은 아이들에게는 하나님께 나아가는 것을 막는 결정적인 일이 될 수도 있는 것이다.

나는 '오! 주여'를 마음속으로 외치며 지혜를 달라고 기도했다. 영미를 만나시기로 작정하신 하나님이 나의 입술을 주장하셔서 영미에게 음성을 들려달라고 마음속으로 기도했다.

왕이신 하나님께로 따로 분리된 사람

영미는 말은 계속 했지만 얼굴은 매우 굳어져 있었다. 하나님께서는 나에게 지혜를 더하여 주셨다. 나는 웃으며 말했다.

"영미야, 너 아까 왕따라고 했는데, 만약에 둘 중에 하나를 정해야 한다면 어떻게 하겠니? 하나님께 왕따 당할래? 아니면 사람에게 왕따 당할래?"

이 질문은 극단적으로 '하나님께 왕따 당하는 것보다는 사람에게 왕따 당하는 것이 낫다'는 것을 알려주기 위한 것이었다. 영미는 한참을 고민하더니 대답했다.

"선생님, 저는 둘 다 싫어요."

나는 활짝 웃으며 말했다.

"그래, 영미야. 사실은 나도 그래. 그런데 지금의 영미처럼 사람과의 관계에서 안 좋은 상황이 생길 수도 있는 것인데, 하나님께 왕따 당하는 것은 정말 큰일이거든. 우리에게 어떤 문제가 있을 때는 하나님과의 관계를 먼저 생각해 보아야 해. 하나님과의 관계가 우선적으로 바로 설 때 사람과의 관계도 해결되는 거란다."

영미는 고개를 끄덕이며 듣고 있었다. 나는 하나님께서 영미의 마음을 만져주고 계심을 감지했다. 나의 마음도 점점 편해지고 영미의 얼굴도 그러했기 때문이다.

"영미야, 왕따의 진짜 의미가 뭔지 아니?"

무슨 질문인지 의아애하는 영미의 얼굴을 마주 보며 말했다.

"왕따는 '왕이신 하나님께로 따로 분리된 사람'이라는 뜻이야."

그 말이 끝나자마자 영미는 깔깔대고 웃었다.

"영미는 하나님을 믿잖아. 그치? 얼마 전부터지만 교회를 나갔으니까 말이야. 현재 친구와의 어려움이 있지만 하나님께서 너를 따로 분리하셨잖니? 하나님께로 말이야. 그러니까 더 기도하렴. 친구를 위해서도…. 그러면 하나님께서 네 기도를 들시고 또 네 친구와의 관계도 잘 풀어주실 거야."

나는 영미에게 매주 화요일 점심시간에 있는 성경공부에 동참하기를 권면하였고 영미는 그렇게 하겠다고 했다. 하나님의 인도하심에 감사했다. 복도를 지나가는 아이에게 말을 건네게 하시고 왕따로 자존감을 잃어가는 제자를 회복케 하시는 하나님…. 영훈고의 학생들을 위해 기도하게 하시는 하나님의 뜻을 하나씩 이루시는 것이라 믿을 수밖에 없었다.

나는 영미에게 말씀을 읽어주고 성구서표를 뽑도록 했다. 그리고 영미를 붙들고 기도했다. 하나님을 잘 알게 해달라고 기도하고, 하나님과의 관계가 바로 서게 해달라고 기도했다. 그리고 믿음 안에서 친구와의 관계도 해결되게 해달라고 기도했다. 영미는 울고 있었다. 좀 전의 외로움과 원망의 눈물이 아니라 감사와 회복의 눈물이었다. 하나님께서 함께 계신다는 사실에 대한 기쁨의 눈물이었다.

떡볶이 먹었어요

다음 날 아침 영미를 기록보존실로 오도록 했다.

아이들과의 만남에 중요한 것 한 가지는 지속성이다. 한 번의 면담으로 끝나서는 절대 안 된다고 생각한다. 지속적인 위로와 격려는 아이들을 살맛나게 한다. 그 방법이 기도일 경우에는 더 그렇다.

나는 어떠한 방법으로라도 영미를 격려해야 한다는 마음을 갖게 되었다. 친구와의 관계도, 학교생활도, 공부도 하나님을 벗어나서는 할 수 없다는 것을 인식하고, 믿음을 통해서 일어나야 한다는 것을 하나님께서 깨닫게 하실 계획이라 믿었다.

"하나님, 이 아침에 영미와 함께 기도합니다. 하나님께서 영미를 사랑하시는 줄 믿사오니 오늘의 삶을 주관하시고, 영미에게 있는 갈등과 고민을 해결하여 주시옵소서. 무엇보다 친구와의 관계가 잘 회복되게 하여주시옵소서. 하나님을 잘 알아가는 과정으로 이미 사용하신 줄 믿습니다. 영미를 축복하여 주시옵소서."

나는 영미를 붙잡고 한 번 더 기도하며 하루 생활을 시작했다.

마지막 8교시는 보충수업시간이었다. 출석을 확인하는데 두 명의 여학생이 보이지 않았다. 그 주인공은 바로 영미와 영미를 왕따 시켰다는 아이였다.

'무슨 일일까, 싸우고 있나? 아니면….'

궁금증을 견딜 수 없었다. 아이들에게 양해를 구하고 문자를 넣었다.

"왜 보충수업에 안 오니?"

이내 답문이 왔다.

"떡볶이 먹고 있어요. 곧 갈게요."

수업 시간에 늦으면서 떡볶이를 먹는다는 사실에 화가 나는 것보다는 이 두 아이들이 같이 떡볶이를 먹는다는 상황이 예상치 못했던 것인지라, 순간 어떻게 해석을 해야 할지 몰랐다. 두 아이는 곧 교실에 나타났다. 그런데 두 아이들의 얼굴이 활짝 핀 꽃처럼 웃음이 가득한 것 아닌가. 이 아이들이 왕따를 당하고 왕따를 시킨 아이란 말인지 의아했다.

영미는 나에게 V자를 보였다. 나는 두 아이의 관계가 좋아지고 있다는 사실이 확인되어 마음이 뛸 듯이 기뻤다. 그러나 수업에 늦은 아이들이니 만큼 그냥 둘 수는 없었다.

"너희들, 이리 나와! 수업 시간에 늦으면서까지 떡볶이를 먹다니, 응? 혼나야겠어!"

목소리는 컸지만 아이들은 내가 화를 내는 것이 아니라는 것을 알고 있었다. 특히 영미는 생글생글이었다.

교실 앞으로 나온 아이들의 손을 서로 잡게 했다.

"같이 기도하자. 너희들은 30분간 기도야. 알았지?"

"와!" 하고 웃는 아이들의 소리를 담고 나는 기도했다.

"하나님의 은혜를 감사합니다. 오늘 손잡은 두 친구를 하나님께서 무척 사랑하여주시니 감사합니다. 하나님을 알게 하시고 그 안에서 더 좋은 우정의 친구가 되게 하시고 아끼는 사랑의 친구가 되게 하여주시옵소서. 오늘 수업 시간에 좀 늦었지만 하나님이 더 큰 것을 주신 것으로 믿고 감사합니다. 그동안의 마음을 위로하시고 힘을 주시고 하나님의 귀한 딸들로 아름답게 성장시켜주시옵소서. 필요한 건강과 지혜, 지식도 더하여 주시옵소서."

교실에서의 기도는 한동안 계속되었고, 두 아이는 훌쩍거리고 있었다. 나의 마음도 하나님께서 주시는 위로와 감격으로 가득 차 있었다.

선생님은 제 아빠예요

다음 날에도 영미는 나를 찾아왔다.
예전의 그 밝고 환한 얼굴과 힘찬 목소리로 이렇게 말했다.
"선생님, 정말 그런가 봐요. 선생님 만나고 저도 기도했어요. 하나님께 교회 안 나가서 죄송하다구요. 이제 열심히 교회 나가고 하나님 잘 믿겠다고 했어요. 그런데 어제 오후에 그 친구가 말을 건 거예요. 얼마나 기뻤던지… 그리고 화해했어요. 아니 그 친구가 사과했어요. 미안하다구요. 정말 좋아요. 선생님! 저 전학 안 갈 거예요. 그리고 이제 왕따인 아이를 만나면 제가 하나님 믿으라고 할 거예요. 그럼 다 해결되니까요."

영미를 만나주신 하나님께 감사를 드렸다. 친구와의 관계를 회복케 하신 하나님께 감사를 드렸다. 기도하는 내 눈에도, 영미의 눈에도 눈물이 흘렀다.

몇 시간 후 문자가 들어왔다. 영미의 문자였다.
"아빠 같은 선생님, 선생님은 제 아빠예요. 고마워요. 선생님."

제 발로 찾아오는 아이들

전교생을 위한 한 달의 기도

전교생의 이름을 부르며 매일 기도한지도 한 달이 지나고 있다.

한 여학생의 자살 기도 소식에 아픈 가슴을 부둥켜안고 내가 해야 할 일을 하나님께 구하던 중, 기도하라는 음성에 순종하며 시작한, 영훈고의 전교생을 위한 기도. 이 기도를 시작한 지 얼마 되지 않았는데도 하나님은 크신 은혜를 더해주고 계셨다.

하나님께서는 기도하는 사람들을 준비시키시고, 예비하신 사람들을 보내주고 계셨다.

그동안을 생각해 보면 내가 아이들을 찾아다니는 것에는 한계가 있었다. 그리고 찾아다닌 대상은 특별히 몸이 아프거나 결손가정의 아이들, 아니면 속칭 문제아라고 하는 아이들 이었다. 이런 아이들은 이미 학교에서 드러난 아이들이었기에 집중된 케어를 할 때가 많았고 여러 선생님들도 관심을 두고 있었다.

그러나 사실 드러나지 않은 잠재된 아이들의 문제가 더 심각하고 위험 빈도도 높다. 아이들의 대형 사고는 소소한 문제를 일으키고 매일 야단을 맞는 아이들보다는, 내성적이고 조용하며 안전할 것 같은 아이들이 어떤 상황이나 내면의 갈등을 해결할 방법을 찾지 못할 때 일어나게 되기 때문이다. 그러므로 아이들을 양육하는 어른들은 아이들의 외적인 면을 살피는 것에 머물지 말고 그 아이의 내면을 볼 줄 아는 영적인 안목이 요구된다.

찾아오는 아이들

내가 가르치지 않는 아이들이 매일 나를 찾아왔다. 아니 하나님께서 보내주고 계신다는 표현이 옳을 것 같다. 그 중 몇 명의 이야기를 소개한다.

선민이는 아빠와의 관계가 좋지 않다며 나를 찾아왔다. 술과 도박에 빠져 있는 아빠를 사랑은 하지만 원망스럽다는 선민이의 고백을 들으며 기도하고 격려했다. 나의 말대로 아빠에게 편지를 써서 아빠와의 데이트를 신청한 선민이는 그 데이트를 통해 아빠와의 관계가 무척 좋아졌다는 기쁜 소식을 전해주었다.

두 명의 여학생이 나를 찾아왔다. 내가 한 번도 만나지 못했던 아이들이었다. 이 아이들은 진로에 대해 고민하고 있었다. 아트디자인과 미용을 하고 싶다는 아이들이었다. 직업반과 전문대 등의 대학을 상담하고 교회를 나가본 적 없다는 이 아이들에게 말했다.

"애들아, 대학 진로만 계획하면 안 되는 거야. 우리 인생도 계획을 세워야지. 어서 하나님 믿고 그 안에서 계획을 세우면 확실하단다. 알지?"

이 두 여학생은 다음 날 또 다른 두 명의 친구를 데리고 나타났다. 그 중 한 명은 학교생활에 많이 적응하지 못하는 아이였다. 어제 상담한 후에 마음이 너무 편하고 좋아서 다시 오게 되었다고 고백하는 아이들을 보며, 하나님의 기뻐하심과 임재하심을 순간순간 느낄 수 있었다.

하나님께서는 신앙적으로 어려운 아이들을 보내주셨다. 몸이 아픈 아이도 보내주시고, 담배를 끊기 어렵다는 아이를, 그리고 가정의 문제 때문에 죽고 싶다는 아이를 보내주셨다. 하나님께서는 매일 아침마다 1700명을 위해 기도하게 하시며 준비 시키시고 그날에 꼭 필요한 아이들을 나에게 보내주고 계셨던 것이다.

찾아오는 선생님

아침 기도를 마치고 기록보존실에서 수업을 준비하는 중이었다.

노크 소리가 나더니 김선생님이 문을 열었다. 평소에 잘 찾아오지 않던 분인지라 순간 놀랐지만 그분의 얼굴을 보며 마음을 가다듬고 환한 미소를 띠며 말했다.

"아! 선생님, 어서 오세요. 들어오세요."

김선생님은 목례를 하는 듯 하며 기록보존실 안으로 들어왔다.

"죄송합니다, 선생님. 휴지를 좀 얻을 수 있을까요?"

"네, 그럼요. 얼마든지요."

나는 휴지로 눈물을 닦아내는 김선생님의 얼굴을 보며 무슨 일이 있었음을 알 수 있었다. 교직 경력이 십 년 가까이 되신 선생님, 무슨 일일까? 무슨 일인데 이렇게 눈물을 보이고 또 지쳐 보일까?

한동안 침묵이 흘렀다. 나는 자리를 권했고 김선생님은 고맙다고 하며 자리에 앉았다. 나보다 십 년가량 아래인 김선생님. 아이들과 잘 지내고 학교일에도 열심이신 선생님이었다. 김선생님은 눈물을 닦으며 말을 꺼냈다.

"선생님, 저는 제가 가끔은 교사가 맞는가 하는 의문이 들 때가 있습니다. 오늘 아침 조회 하는데도 아이들이 왜 그리 미운지… 가출하는 녀석을 보면 그냥 패 죽여 버리고 싶은 마음이 듭니다. 아이들이 다 미워집니다. 선생님, 저는 교사가 맞지 않나 봅니다."

김선생님의 말을 들으며 대강의 내용을 짐작할 수 있었다. 아이들의 변화에 대해 교사가 먼저 수용하지 못하면 자기 환멸에 빠지게 된다. 김선생님은 아이들과의 관계에 힘겨움을 호소하고 있었다.

위로가 필요해요

나의 교직 십 년차 때가 생각났다.

나를 잘 따랐던 한 학생이 무례하게 굴어서 손찌검을 했는데 고막

이 터쳐 버린 사건, 그때 나는 폭력교사로 전락했고, 사직서를 썼었다. 사직서는 학교에서 수리되지 않았지만 나는 그 좌절의 위기를 새로운 기회로 삼게 되었고, 그 후 절대 때리지 않기 위한 방법으로 수업 전에 기도하는 교사가 되었다.

김선생님에게도 돌파구가 필요했다. 나는 김선생님의 손을 잡으며 말했다.

"선생님, 아이들 때문에 그렇군요. 맞아요, 요즘 아이들이 얼마나 변화가 심한가요. 말도 안 듣구요. 하지만 선생님, 그래서 우리가 필요한 거잖아요. 아이들이 문제가 많고 제대로 하지 못하는 것을 바로 잡아주어야 하는 것이 우리의 사명이지요. 선생님, 힘내시면 좋겠어요. 아이들이 하는 현상을 보고 화를 내기 전에, 그 아이가 왜 이 지경까지 왔는가 생각하면 도리어 불쌍한 마음이 들 거예요. 그 원인을 분석하고 문제를 해결해나가는 것이 우리가 할 일이잖아요."

김선생님의 눈이 빛났다. 눈물은 멈추었지만 눈동자에 맺혀 있는 눈물방울이 반짝한 것이다. 하나님께서는 나와의 대화를 통해 김선생님에게 힘을 주시고 위로를 더하고 계셨다. 이야기는 한동안 계속되었다. 신앙이 없는 선생님이었지만 나는 이야기를 마친 후 함께 기도하자고 했다.

"하나님, 우리 김선생님이 아이들로 인하여 마음이 상심되어 있습니다. 다른 곳이 아니라, 이곳에 발걸음을 인도하셔서 기도하게 하시는 하나님의 뜻이 있으리라 믿습니다. 하나님, 우리 김선생님을 위로하여 주시옵소서. 아이들과의 만남 가운데 하나님이 먼저 깊이 개입하셔서 사랑으로 아이들을 감싸 안게 하시고, 문제가 있고 어려운 아이들을 만날수록 우리 김선생님이 무엇을 먼저 해야 하는지 알게 하여 주시옵소서. 간절히 바라는 것은 우리 선생님을 만나주셔서 하나님의 능력으로 아이들을 잘 지도하게 하여 주시옵소서."

기도 후에 보니 김선생님의 눈에는 다시 눈물이 고여 있었다. 하나님께서는 김선생님에게 힘을 더하여 주고 계셨다.

"선생님, 저는 하도 눈물이 나와서 지나가다가 휴지를 빌리러 온 것인데, 선생님을 뵈니 많이 힘이 납니다. 정말 고맙습니다. 감사합니다."

"선생님, 또 힘들거나 하시면 언제든지 오세요. 여기 울기 좋잖아요. 제가 휴지는 얼마든지 준비해 놓을테니까요. 하하하!!"

기도는 하나님께서 기뻐하시는 일

하나님께서는 기도하는 사람들을 준비 시키신다. 먼저 자기가 속한 공동체를 품으며 기도하게 하신다. 모든 기도의 시작은 나와 내 가정 그리고 내가 속한 공동체로부터 비롯된다. 작은 곳에서부터 시작된다. 그리하면 하나님께서는 길을 열어주시고 만나게 하시고 회복시키신다.

전교생을 위한 기도는 계속될 것이다. 그리고 더 확대될 것이다. 일 년이면 한 사람당 300번 이상을 기도하게 된다. 나는 일 년 후에 아이들에게 자신있게 말할 수 있을 것이다.

"얘들아, 적어도 내가 너희들 300번 이상은 축복한 거야. 기도했으니까 말이야."

하나님께서 300번 이상, 아니 계속해서 이름을 부르며 기도하는 대상을 만나주지 않으시겠는가? 축복하지 않으시겠는가?

기도는 섬김의 시작이다. 기도는 하나님께서 무척 기뻐하실 일이기 때문이다.

기도는 하나님과 대화하는 것입니다.
기도는 하나님께 말하는 것보다 그분의 음성을 듣는 것입니다.
기도는 변화를 동반합니다.
기도는 영적인 호흡입니다
기도는 꼭 해야 합니다. 기도가 막히면 호흡이 막혀 죽는 겁니다.
기도는 정해진 시간에 정해진 곳에서 해야 합니다.
기도는 때때로 언제나 어디서나 해야 합니다.
기도는 하나님의 뜻을 이행하는 시작입니다.
기도는 나이와 성별에 관계없습니다.
기도없이 하나님의 일을 할 수는 없습니다. 바로 지쳐버립니다.
기도보다 우선시 되는 것은 아무 것도 없습니다.
기도하는 사람이 곧 하나님의 사람입니다.

 # 척추가 휘었어요

책상을 붙잡고 있는 아이

여학생 수업에 들어갔다. 아이들은 나를 보자마자 자기 자리에 앉기 바쁘다. 그런데 오른쪽 창가의 자리에 있는 윤혜가 이상한 자세로 계속 서 있었다.

"윤혜야, 왜 자리에 앉지 않니? 어디 아프니?"

윤혜보다도 아이들이 먼저 외쳤다.

"선생님, 윤혜는 이전 시간에도 저렇게 있었어요."

윤혜는 책상의 오른쪽 모서리를 붙잡고 그렇게 서 있었던 것이다. 지난 시간 선생님이 어떻게든 앉혀 보려고 했는데, 앉을 수가 없었다는 것이다. 그래서 그 선생님은 가장 편한 자세로 있으라고 하셨다고 했다. 그래서 윤혜는 그렇게 서 있었던 것이다. 나는 마음에 안타까움이 일어났다. 이 아이가 얼마나 힘이 들었을까? 그리고 이렇게 계속 움직이지 못하면 종일 서 있어야 하는 거란 말인가?

나는 마음속으로 기도했다.

'하나님, 윤혜를 만져주세요. 너무도 힘들어 합니다.'

나는 윤혜에게 다가가며 물었다.

"윤혜야, 어디가 어떻게 아픈 거니?"

윤혜는 옴짝달싹 하지 못했다. 조금이라도 움직이면 통증이 심하다고 했다.

꽃집에서 기도하며

2주 전, 윤혜를 교문 앞에서 만난 적이 있다. 그때 윤혜는 어느 정도 잘 걷고 있었는데, 걸음걸이가 매우 불편해 보였다.

"윤혜야, 어디 가니?"

"네, 선생님. 병원에요. 허리가 아파서 물리치료 받으러 가요."

병원에 간다는 윤혜를 학교 앞 낙원꽃집 안으로 데리고 들어가 기도했다.

"하나님, 윤혜를 건강하게 해주셔서 생활하는데 조금도 불편함이 없도록 해주시고 하나님의 은혜로 강건케 하여주시옵소서."

윤혜는 교회를 나가지 않는 상태였고 하나님께서는 이 아이를 나에게 붙여주신 이유가 있으리라 생각하며 지나오고 있었다. 며칠 후 내 생일에 윤혜는 짤막한 글을 나에게 보내어 감사 표시를 하였다.

"길거리에서도 저를 위해 기도해주시는 선생님의 열정에 감동했습니다. 선생님, 무한 감사합니다!"

허리가 부드러워졌어요

"제 척추가 휘었대요. 그리고 골반뼈도 내려앉았다고 하더라구요."

나는 윤혜에게 말했다.

"윤혜야, 어느 부분이 가장 아프니? 선생님하고 같이 기도하자."

나는 윤혜의 허리 부분에 손을 댔고 윤혜가 내 손을 끌어 당겨 자신의 아픈 허리 부분에 가져다 놓았다. 윤혜가 얼마나 아파하는지 마음으로 느낄 수 있었다. '얼마나 힘이 들었을까?' 콧잔등이 시큰해지고 눈물이 핑 돌았다.

"윤혜야, 이 시간 우리 하나님께 같이 기도하자. 믿음으로 기도하면 꼭 회복시켜 주실 거야. 널 이렇게 놔두지 않으실 거야. 얘들아! 우리 윤혜를 위해 같이 기도하자."

나는 학급의 아이들에게도 함께 기도하자고 했다. 아이들은 곧 손을 모으고 고개를 숙였다. 나는 윤혜를 붙잡고 간절히 기도했다.

"하나님, 이 시간 윤혜에게 임하셔서 만나주시고 허리를 편안케 하여주시옵소서. 이렇게 기도하게 하시는 하나님의 뜻을 이루소서. 하나님의 사랑과 예수그리스도의 능력이 이 순간 윤혜에게 그리고 함께 기도하는 친구들에게 임하실 줄 믿습니다."

기도는 한동안 계속되었다. 윤혜의 눈에도 내 눈에도 그리고 아이들의 눈에도 눈물이 고여 있었다. 하나님께서는 기도 속에 큰 힘을 부어주고 계셨다. 기도를 마쳤을 때 윤혜는 말했다.

"선생님, 괜찮은 것 같아요. 허리가 부드러워졌어요."

기도 덕분이에요

윤혜는 곧 그 자리에서 몸을 움직이기 시작했다. 윤혜의 아버지가 윤혜를 데리러 오시도록 연락을 한 상태인지라, 윤혜가 잠시 휴식을 취하는 것이 좋겠다는 생각이 들었다.

나는 윤혜를 온돌방이라 따뜻하고 쉬기에 적절한 공간인 기록보존실로 안내했다. 교실에서 나와 기록보존실을 향해 걸어가는 윤혜를 보며 '이 아이가 조금 전까지 책상을 붙잡고 서 있던 아이 맞나?' 하는 생각이 들었다. 그리고 하나님의 은혜에 정말 감사했다.

윤혜는 계단을 올라서는데 매우 조심스러워 했다.

"윤혜야, 선생님이 업고 갈까? 너 무리하지 않는 것이 좋을 것 같은데…"

"괜찮을 것 같아요, 선생님. 선생님 기도 덕분에 이렇게 혼자 걸어가잖아요. 정말 고맙습니다."

기록보존실에 누운 윤혜에게 성경 말씀 사도행전 3장을 읽어주었다. 그리고 다시 한 번 기도했다. 하나님께서는 나를 통해 윤혜를 만나주시고 육신을 회복케 해주실 계획을 갖고 계심에 틀림없다는 확신이 들었다. 윤혜는 기도하는 중에 '아멘, 아멘' 하며 함께 기도하고 있었다. 하나님께서 이 과정을 통해 윤혜를 만나실 줄 믿는다. 할렐루야! 아멘.

꼭지 셋
신앙

학교를 위해 기도하고 있어요
앗싸~ 하나님, 캄싸합니다
저도 하나 주셔요
한 달 용돈을 드리겠어요
하나님! 알아서 하시는 거죠?
최고의 추석 선물
고난주간 40명의 영접기도
눈물어린 제자의 기도
1700명의 이름을 부르며

# 학교를 위해 기도하고 있어요

기도를 못하게 해요

학교에서 만난 아이들 가운데 여러 모양으로 격려하시고 힘을 주신 하나님 이야기를 쓴 「울보선생」이 나온 지 일 년이 지날 무렵, 나는 한 통의 메일을 받았다. 책을 읽고 독자들이 서평이나 소감을 써 보내는 것은 여러 번 있었고 또 그렇게 신기한 일이 아니지만, 한 여고생이 써 보낸 그 내용은 나의 가슴을 감동으로 가득하게 했다.

"선생님, 선생님의 「울보선생」을 읽고 정말 많이 울었어요. 저는 충남에 있는 Y여고에 다니고 있고요. 이름은 지영이예요. 저희 학교는 천주교학교예요. 영훈고등학교 학생들처럼 저도 아이들과 학교를 위해 기도하고 싶은데, 수녀님들은 학교 안에서 기도하는 것을 허락해주지 않으세요. 그뿐만 아니라 미사 드릴 때 따라 하지 않는다고 야단치세요. 선생님, 저 어떻게 하면 좋을까요?"

참으로 귀한 학생이라는 생각이 먼저 들면서 지영이를 마구 격려하고 싶었다. 기독교학교가 아닌 학교에서 한 학생이 기도하고 싶은 열망을 가지고 어떻게 해야 좋을지 몰라 고민하고 있을 때, 분명히 하나님께서 지혜를 주실 것이라는 생각도 들었다.

학교 밖 교회에서 홀로

나는 '지혜를 달라고 기도하라'는 내용으로 격려하며 답장을 보냈다. 그리고 나 역시 지영이와 그 학교를 놓고 기도하기 시작했다. 몇 번의 메일이 오고 간 후, 지영이의 이러한 답장이 또 한 번 나를 감격케 했다.

"선생님, 제가 읽은 책의 저자에게서 메일을 받는 기쁨이 무척 컸어요. 신기하기도 하구요. 정말 감사해요. 선생님 말씀 듣고 저 기도하기 시작했어요. 기도할 수 있는 여건을 달라구요. 아이들과 모일 수도 있게요. 그런데요. 정말 하나님께서 지혜를 주셨어요."

지영이는 꼭 학교 안이 아니라도 기도만 하면 된다는 마음을 확인하고 점심시간에 담임선생님께 가서 외출을 허락해달라고 했다고 한다. 무슨 일이냐는 선생님의 질문에 지영이는 담담하게 말했단다.

"선생님, 제가 기독교 신자인 건 아시죠? 그런데 학교 안에서는 수녀님들이나 선생님들이 기도하는 것을 별로 안 좋아하셔서요. 저 정말로 학교를 위해서 기도하고 싶거든요. 그래서 학교 밖 교회에 가서 잠깐 기도하고 오면 안될까 싶어서요. 지금 점심시간에요."

기독교 신자도 아닌 담임선생님은 별 말씀 없이 허락을 해주셨다. 하나님께서 이미 그 마음을 만져놓으신 것이리라. 지영이는 혼자 그 교회에 가서 학교를 위해 눈물로 간절히 기도하고 돌아왔다.

다섯 명의 기도 용사

나는 지영이의 메일을 읽으며 하염없이 울었다. 하나님께서는 기도하는 한 사람을 사용하시지 않던가. 하나님께서는 천주교 학교인 한 학교에 기도하기를 열망하는 한 여학생을 심어놓으시고, 기도할 수 있도록 지혜와 여건을 허락하시며 인도하고 계셨다. 그 하나님의 인도하심이 얼마나 감사하고 감격스러운지. 나는 답메일을 통해 마구마구 칭찬하고 격려하였다. 한 달 남짓 지났을까, 지영이의 메일은 갈수록 뜨거워졌다. 완전히 불받은 성령의 메일이었다.

"선생님, 기뻐해주세요. 기도하는 친구들이 생겼어요. 두 명이었는데요. 이제 다섯 명으로 늘었요. 거기에다가요, 놀라지 마세요. 우리가 기도하는 그 교회 전도사님이 점심시간마다 오셔서 같이 기도해주세요. 말씀도 주시구요. 얼마나 기쁘고 감사한지 모르겠어요."

지영이는 이 점심시간의 기도를 위해, 점심시간이 시작되자마자 밥을 후다닥 해치우든가 아니면 미리 해결하고 교회로 뛰어 가곤 했다.

하나님께서는 믿음으로 나아가는 사람에게 꼭 동역자를 붙여주신다. 지영이의 기도하는 친구들과 교회의 전도사님을 붙여주시며 학교를 위해 기도하게 하시고, 또한 기도하는 학생들을 축복하고 계셨다.

금지 명령

아이들이 하나 둘 기도하러 학교 밖 교회로 외출이 잦아지니 담임 선생님들은 외출을 반대하기 시작했다. 지영이는 매달리며 애원했지만 쉽게 허락되지 않았다. 지영이는 낙심하고 힘들어하고 있었다. 나는 전화와 메일을 통해 지치지 말라고 격려했다. 그리고 전화로 기도했다.

지영이는 고3에 올라가며 서울과 달리 야간수업을 열한 시까지 하는 학교에서 조금씩 지쳐가고 있었다. 메일의 내용도 눈물만 나온다고 적혀 있었다. 담임선생님은 방학 중의 수련회도 허락해주지 않으시고, 또한 교회에서의 행사 준비도 반대하고 공부만 하라고 강력하게 실력을 행사하고 계셨던 것이다. 지영이는 교회 고등부 부회장이었다. 오죽 답답했을까. 지영이는 이러한 여러 상황들로 기도하면서도 약해지는 마음을 부둥켜안고 울고 있었다.

나는 기도하는 가운데 지영이를 만나 최대한 힘과 격려를 주었으면 좋겠다는 마음을 갖게 되었다. 분주한 일정이지만 기도하는 한 학생을 격려하는 일이었다. 자칫 그냥 놔두었다가는 정말 자신에 대해, 하나님에 대해 실망할지 모른다는 생각이 들었다.

나는 여러 책과 선물을 준비하여 지방의 한 집회를 마치고 지영이를 찾아 나섰다. 다른 것보다 직접 만나 그 아이를 붙잡고 기도해야 한다는 마음을 주신 하나님의 뜻에 순종코자 했다.

우리 지치지 말자

야리야리한 외모의 지영이는 자신의 집인 강경까지 찾아온 나를 보고 정말 믿기지 않는다는 듯 한 얼굴이었다. 나는 지영이와 함께 그 아이가 나가는 교회의 고등부실에 자리를 했다. 이야기를 나누는 중에 지영이가 정말 힘들어 하고 있음을 알게 되었다. 하나님께서는 나를 통해 지영이를 위로하고 계셨다. 두 시간 정도 이런저런 이야기를 나누고 함께 기도했다.

"지영이가 먼저 기도하고 이어서 내가 기도할게."

서로 한참을 기도하며 일어섰을 때, 우리들의 눈에는 눈물로 가득 차 있었다.

"지영아, 지치지 마렴. 항시 하나님께서 너와 함께 하실 거야. 매일 매일 학교 밖에 나가기 어려우면 일주일에 한 번이라도 있는 곳을 정해서 기도하렴. 담임선생님 입장에서도 매일 외출증을 써준다는 것은 다른 아이들을 생각하면 좀 어려운 일인 듯 싶어. 선생님도 어디에 있든지 널 위해 꼭 기도할게."

나는 지영이와 다시 만날 날을 기약하며 서울로 올라왔다. 영훈고 기독교반 학생들과 기도할 때마다 지영이와 그 학교를 위해 기도하기 시작했다.

저 어떡하면 좋아요

그리고 또 몇 개월이 지났다. 지영이의 메일은 한 달에 한두 번씩 지속적으로 오고 있었다.

"선생님, 고민이 생겼어요. 저희 교회 전도사님이 저희 교회를 떠나실 것 같아요. 울면서 가지 말라고 마구마구 말렸는데, 그래도 가셔야 하나 봐요. 선생님, 어떡해요. 저, 전도사님 정말 좋아하거든요. 전도사님이 안 계시면 저 신앙생활 잘 못할 거 같아요. 그래서 지금 하나님께 저희 전도사님 다른 데로 가시지 않게 해달라고 기도중이에요, 아니 협박이라고 해야 할 거예요. 전도사님 다른 데로 가시면 하나님 평생 원망할 거라구요."

지난 번 지영이를 직접 만났을 때 지영이 이야기의 많은 부분을 차지한 것이 바로 그 전도사님에 대한 것이었다. 교역자는 자신의 성장을 위해 교회를 옮기기도 한다. 그것은 그다지 이상한 일이 아니지만, 지영이로서는 참으로 힘든 상황이 틀림없다는 생각이 들었다.

나는 즉시 '하나님의 인도하심을 구하고 전도사님을 위해 기도하며 소망하는 것을 간절히 고백하라' 는 내용으로 답장을 보냈다.

지영이는 고3에 올라갈 준비를 하고 있었다.

수련회 가요

겨울방학을 맞이했다. 천안대학교에서 사흘 동안 한국교육자선교회 겨울연찬회를 마치고 서울로 향하는 고속도로 승용차 안에서 지영이의 전화를 받았다.

"선생님, 저 교회 수련회 가요. 그런데 잘 하는 것인지 모르겠어요. 담임선생님이 억지로 허락해주셨거든요. 지금도 아이들은 밤 10시까지 자율학습 중인데요. 불안해요, 선생님."

아이들에게 있어 가장 큰 어려움의 대상은 학업이다. 더욱이 학교 현장의 교사는 아이들에게 큰 영향력을 미치는 사람이기도 하다. 지영이를 도와주고 있는 교사가 곁에 없음이 느껴졌다. 그럼에도 지영이는 수련회에 참여하기로 큰 결단을 하였다. 더욱이 수련회에 참여하는 고3은 자신 혼자라고 했다. 하나님을 믿는 우리들에게는 언제나 선택과 결단이 요구되는데 지영이는 힘들고 어려운 고3의 시간을 하나님께 나아가는 시간으로 선택하고 결단하였다.

나는 전화를 끊고 지영이를 위해 잠시 기도했다. 무엇이든 돕고 싶은 마음이 들었다. 더욱이 시골 교회의 전도사님 한 분이 초등학교 6학년부터 청년에 이르기까지 30여 명을 인솔하여 수련회를 하고 있는 모습을 연상할 때, 학생들을 양육하는 한 사람으로서 그 분의 어려움과 수고가 느껴졌다.

방해가 되는 것은 아닌지

지영이를 통해 지영이의 교회 전도사님과 통화할 수 있었다. 얼굴을 본 적은 없었지만, 내 책을 지영이를 통해 선물한 적이 있었기에 어색하지는 않았다.

"전도사님, 수고가 많으시죠? 괜찮으시면 제가 수련회에 가서 학생들과 만남을 가지면 어떨까요? 아까 지영이와 통화 하는데 성령께서 주시는 마음이 있었습니다. 두 시간 남짓 저에게 시간을 주실 수 있으신지요? 제가 수련회 하는데 방해가 되는 것은 아닌지 모르겠습니다."

전도사님은 어쩔 줄 몰라하셨다. 작은 교회의 수련회인지라, 마음이 있으면서도 외부 강사를 초청하기가 어려운 현실 때문이었다. 나 또한 내가 먼저 수련회에 가서 강의를 하겠다고 자청한 적은 처음이었다.

전도사님은 고마움과 미안함이 묻어나는 말씀으로 감사의 뜻을 표했다. 다음 날, 가기로 약속하고 통화를 마쳤다. 지영이는 믿기지 않는 듯 정말 오시냐는 문자를 몇 번이나 보냈다. 다음 날, 나는 학교에서 서둘러 일을 마치고 수련회가 진행되고 있는 군산으로 달려갔다.

방방 뛰는 전도사

서해대교를 승용차로 달리는 기분이 무척 좋았다. 여러 곳을 다니다 보면 각 지방의 특성을 잠시라도 느낄 수 있는 기회가 주어진다. 따로 여행을 하지 않더라도 나는 집회를 다니는 자체가 바로 여행이고 휴식이라는 마음을 갖는다.

3시간 30분 정도를 달려 수련회 장소에 도착했다. 자그마한 기도원이었다. 지영이에게 문자 메시지를 날렸다.

"샘 도착!! 지금 마당에…."

지영이가 곧 나타났다. 눈물이 글썽해진 그 아이를 바라보는 순간 정말 잘 왔구나 하는 생각이 들었다.

전도사님을 만나고 프로그램에 함께 동참했다. 찬양을 인도하는 전도사님의 모습이 정말 은혜로웠다. 지금까지 여러 찬양인도자를 보았지만 이렇게 방방 뛰는 전도사님의 모습은 처음이었다. 아이들도 그랬다. 대답 잘하고 손뼉 잘 치고 찬양할 때 함께 뛰는 그 모습, 눈물이 펑펑 쏟아졌다.

나에게 주어진 두 시간 남짓한 만남 가운데 하나님께서는 위로와 평강, 그리고 도전과 결단의 마음을 주셨다. 지영이는 처음부터 눈물이 그치지 않았다.

아빠, 엄마를 위해 기도해요

기독교학교가 아닌 영훈고에 역사하신 하나님의 은혜와, 기도의 용사가 될 때 하나님이 사용하신다는 것, 그리고 학업마저도 하나님이 주시는 마음으로 비전을 구하며 공부하는 것이 참다운 공부라는 것, 가정, 부모를 위해 기도하는 사람들이 되어야 한다는 것 등을 말하며 아이들과 함께 하나가 되고 있었다.

뒤에서 말씀을 듣던 전도사님은 '불교 신자 교장이 축제 때 찬양에 맞추어 기독학생들과 함께 춤을 추었다'는 간증을 듣는 순간 무릎을 꿇으며 울기 시작하더니 그 후 내 순서가 끝날 때까지 울음을 그치지 않았다. 아이들은 아버지학교를 통한 아빠의 이야기를 하는 순간 모두 울음을 터뜨렸다.

말씀을 마친 후 서로를 붙잡고 기도하게 했다.

학교는 기도하는 학생들에게 주신 산지이며, 비전이다. 가정도 또한 그렇다. 연약한 아이들이지만 무릎을 꿇는 그 순간부터 강해진다. 하나님께서 함께 하시기 때문이다.

지영이를 붙잡고 기도했다. 지영이는 하염없이 울며 "감사해요"를 연발하고 있었다. 한쪽에서 어린 여학생 세 명이 엉엉 울고 있었다. 나는 그들에게로 다가갔다. 그리고 한 사람씩 물어보았다.

"무슨 기도를 가장 많이 하고 있니?"

했더니 세 아이의 대답이 꼭 같았다.

"우리 아빠, 엄마가 교회 안 나가시거든요. 우리 아빠, 엄마 지옥 가면 안되잖아요."

세 여자 아이는 이제 중학교에 올라가는 초등학교 6학년 학생들이었다.

이 아이들을 한 명씩 끌어안고 기도했다. 주님께서 이 아이들의 가정에 임하시길, 그래서 이토록 간절히 기도하는 아이들의 기도에 응답하여 주시기를 진심으로 기도했다.

축복의 통로

하나님께서는 어려운 환경에서도 학교를 위해 기도하기 원하는 한 학생을 지속적으로 돕는 마음을 나에게 허락하셨다. 그리고 이러한 수련회까지 인도하시며 돕게끔 하셨다. 부족하지만 하나님께서 나를 통해 일하시는 이러한 일은 참으로 놀랍다. 지영이의 회복뿐만 아니라, 전도사님을 향한 하나님의 위로와 만짐이 있었기 때문이었다.

마지막으로 전도사님을 둘러싸고 '축복의 통로'를 아이들과 함께 불렀을 때, 우리 모두는 하나가 되고 있었다. 아이들은 나를 붙잡고도 기도해주었다.

"선생님, 사랑해요."하며 말이다.

이 땅에는 기도하는 학생들이 있다. 한 학교에서 자신의 학교를 위해 홀로 기도하고 있는 지영이와 같은 학생들이 분명히 있다. 선생님과 친구들을 위해 기도하는 학생이 있다. 그 아이의 힘겨움과 수고에, 믿음을 가진 사람들이 격려하고 도와야 하는 것은 당연한 일일 것이다. 지영이를 통한 하나님의 계획이 기대된다.

밤 12시가 훌쩍 넘은 시간, 헤어질 무렵 지영이가 눈물이 글썽글썽해진 모습으로 나에게 다가와 조용히 말했다.

"선생님, 우리 전도사님 교회 안 옮기기로 하셨어요. 하나님께 정말 감사해요."

# 앗싸~ 하나님, 캄싸합니다

어떻게 하면 돼요?

시험 기간이다.

오늘의 시험 감독을 마치고 중앙현관을 나오고 있는데 한 남학생이 따라붙었다. 안면만 있는 아이다. 나는 무심코 힐끗 보며 지나쳤는데 그 아이는 나를 따라오며 대뜸 이렇게 말했다.

"선생님, 담배 끊으려면 어떻게 해야 돼요?"

나는 발걸음을 멈추었다. 그리고 아이를 살피며 천천히 물었다.

"네가 누구였더라. 미안한데, 몇 반? 이름이 뭐지?"

"네, 3학년 14반요. 이정익이구요."

그렇다면 일주일에 두 번씩 내가 문학 수업을 하는 반이다.

"그래, 미안하다. 정익아. 선생님이 아직 이름을 다 외지 못해서 말야."

"아니에요 선생님. 제가 워낙 수업 시간에 조용히 있어서요."

또렷하게 이야기 하는 아이인지라, 담배 피우며 흐트러지게 생활하는 느낌은 전혀 받지 못할 정도로, 정익이는 바른 자세로 예절을 갖추어 이야기하고 있었다.

"정익이는 담배 때문에 고민이 많이 되는 모양이로구나."

"네, 선생님. 어떻게 하면 끊을 수가 있나요?"

"얼마나 피는데?"

"하루에 약 한 갑 정도요. 노래방이나 피씨방 가면 더 피기도 하구요. 안 좋은 친구들을 만나면 대중없어요."

"그래, 담배는 하나님을 믿으면 확실히 끊을 수 있는데… 다른 방법은 끊기가 힘들고, 정익이는 하나님을 믿고 있니?"

정익이는 고개를 좌우로 흔들며 말했다.

"아뇨."

친구도 믿지 마라

시험 기간 중에도 기독학생들과 매일 기도회를 한다.

기독학생들에게 잠시 기다리라고 하고, 학교에서 나 홀로 사용하고 있는 기록보존실로 정익이를 안내했다. 자리를 잡고 정익이에게 말했다.

"그런데 정익아, 담배를 피우는 무슨 특별한 이유가 있니?"

"네, 선생님. 스트레스 때문이에요."

무슨 스트레스냐고 묻는 나에게 정익이는 주저하지 않고 자기의 마음속에 있는 어려운 이야기를 털어 놓기 시작했다.

"선생님, 너무 힘이 들어요. 사실 저희 집은 무척 행복했거든요. 그런데 아빠가 저 초등학교 5학년 때 친한 친구 빚보증을 잘못 서서 어려워졌어요. 차압 딱지가 저희 집에 들어오니까 엄마는 너무 충격을 받아서 그대로 돌아가셨구요. 아빠는 그 후에 집을 나가 지금까지 소식이 없어요. 나가시면서 마지막 저에게 남기신 말씀이요. 절대로 친구는 믿지 마라였어요."

정익이는 여기까지 이야기를 하고 고개를 푹 숙였다. 참으로 힘든 상황에서 고3을 지내고 있는 아이였다. 잠시 심호흡을 하는 듯 하던 정익이의 이야기는 계속 되었다.

"지금은 할아버지, 할머니하고 초등학교 3학년 동생하고 이렇게 넷이 살거든요. 그런데 할아버지, 할머니도 중풍이 와서 정말 많이 힘들어요."

정익이의 목소리가 간헐적으로 떨리고 있었다.

"그래, 정익아. 네가 많이 힘들겠구나. 등록금이나 급식비 같은 것은 학교에서 면제 받고 있니?"

"네."

알고 싶어요

정익이에게는 먼저 위로가 필요하다는 판단이 섰다. 그리고 하나님께서 정익이를 이 시간에 만나기로 작정하셨다는 마음도 강하게 들었다. 주저하고 나중에 만나자고 할 필요가 없었다. 이미 하나님께서 정익이의 마음을 열어 놓으신 것이 틀림없었다.

"정익아, 네가 담배 때문에 선생님을 찾았지만 오늘 만남은 하나님께서 널 위하여 선생님을 만나게 하신 것 같은 생각이 들어. 어떠니? 하나님을 믿고 싶다는 생각을 한 적은 있니?"

정익이는 잠시 아무 말이 없었다. 나는 그 아이의 얼굴을 살폈다. 이윽고 굳게 닫혀 있던 입술이 열렸다.

"선생님, 사실 저는 뭐가 뭔지 모르겠어요. 제가 왜 이렇게 살아야 하는지 억울하기도 하구요. 하나님도 있는지 아닌지 저도 모르겠구요. 그리고 왜 믿어야 하는지도 모르겠어요."

"그래, 그렇구나. 그럼 정익아, 하나님이 어떤 분이시고 왜 믿어야 하는지 선생님이 설명해줄까? 지금 괜찮겠니? 그것을 알면 네가 염려하는 담배 문제는 금방 해결될 텐데."

정익이는 잠시 생각하더니 대답 대신 고개를 끄덕였다.

"네, 알겠습니다. 해주세요."

캄싸해요, 하나님

나는 즉시 4영리를 준비했다. 하나님이 허락하시는 때가 왔다. 하나님께서 한 영혼을 붙여주시며 주님의 길로 인도하시는 참으로 감사하고 귀한 순간이 아닌가!

"정익아. 선생님하고 같이 하자."

준비한 4영리 한 장을 정익이 앞에 놓고, 나는 4영리를 설명하기 시작했다. 그리고 필요한 부분은 정익이에게 직접 읽도록 했다. 정익이는 큰 목소리로 읽었다. 나는 하나님께서 정익이를 향한 사랑과 놀라운 계획을 가지고 있음을 역설했다. 그리고 아담과 하와의 원죄, 예수그리스도만이 구원의 길임을 설명했다. 정익이는 고개를 끄덕이며 관심있게 듣고 있었다.

4영리를 모두 설명한 후 이제 영접기도를 할 차례였다.

"어떠니? 정익아! 이 세상은 우리가 모르는 것으로 가득 차 있거든. 그런데 우리가 하나님을 믿으면 세상의 모든 것이 보이기 시작하는 거야. 보여서 믿는 것이 아니라, 믿으면 보인단다. 그러면 왜 네가 이렇게 힘든지 또 세상은 어떤지, 기도하는 가운데 하나님께서 알려 주실 거야.

정익아, 이 시간에 네가 예수님 영접기도를 하는 순간부터 너는 구원을 받는 거구 또 하나님의 귀한 아들로 사는 거야. 어떠니? 지금 불편한 마음 없니? 영접기도 할 수 있겠어?"

정익이의 눈이 갑자기 붉어지는 듯 하더니 또렷하게 말했다.

"네, 선생님. 하나님 믿고 싶어요. 저, 영접기도 할게요. 어떻게 해야 돼요?"

'앗싸~ 하나님, 감싸합니다.'

이런 마음 처음이에요

내가 하는 것을 따라 정익이는 영접 기도를 하기 시작했다. 항시 그렇지만 영접기도를 인도할 때면 감격이 있다. 눈물의 감동이 있다. 힘들고 어려운 상황에 놓여 있는 정익이와 같은 제자를 만날 때면 더욱 그렇다. 이제부터는 하나님께서 이 아이를 주관하시리라, 강하게 인도하시리라.

영접기도를 마치고 내가 감사기도를 드렸다. 정익이의 어깨를 한 팔로 둘러안고 손을 붙잡고 감사기도를 했다. 기도를 마치고 눈을 뜨니 정익이의 눈에는 눈물이 가득 고여 있었다.

"선생님, 제 마음이 좀 이상해요. 이런 기분 처음이에요."

"그래, 하나님이 주시는 마음일 거야. 이제 조금도 낙심하지 말고 기도하며 생활하렴. 그리고 교회도 같이 알아보자. 네 속에 있는 세상적인 것들은 이제 나가고 하나님의 말씀과 찬송, 기도가 항시 네 안에 있으면, 담배 같은 것은 아무 것도 아니거든."

"네, 선생님. 감사합니다."

나는 고린도전서 3장 16절 말씀을 펼치고 설명해주었다.

"정익아, 우리는 하나님의 성전이라고 되어 있지? 그러니까 이 몸에 나쁜 것, 예를 들어 술이나 담배, 부도덕한 남녀 관계로 인한 상대방의 에너지 같은 것 등을 집어넣으면 멸하신다고 하셨어. 그러니까 우리는 거룩한 마음과 몸을 가져야 돼. 그렇지 않으면 하나님이 우리의 몸에 계실 수가 없단다. 이 말씀을 붙잡고 기도하렴. 그러면 담배는 며칠 안 되어서 피워도 맛이 없어질 거야. 하나님은 거짓말을 안

하시니까. 꼭 기도해야 한다. 알겠니? 선생님도 기도할게."

"네, 알겠습니다. 선생님."

정익이는 손등으로 눈을 한 번 쓱 훑더니 가겠다고 일어섰다.

"선생님, 저 언제든지 선생님한테 와도 되나요? 자주 오고 싶어요."

"그럼, 당연하지. 언제든지 와."

밝아진 얼굴로 문을 열고 나가는 정익이가 또 한 번 말했다.

"선생님, 정말 이상해요. 괜히 마음이 편하고 좋고, 이런 기분 처음이에요."

저도 하나 주세요

지혜가 필요해요

항시 기도할 때마다 빠뜨리지 않는 제목은 하늘로부터 오는 지혜를 달라는 것이다. 어떤 문제들을 만날 때 세상의 지식이나 학문으로 해결할 수 없고, 더더욱 나의 머리로 풀 수 없는 일들이 많기에 지혜는 더욱 요구된다. 아이들과 생활하다보면 돌발적인 일들이 많은지라 순발력을 동반한 지혜가 요구된다.

기도하며 수업을 한 지도 5년이 되어간다. 그동안 순조롭게 기도할 수 있는 지혜와 여건을 허락해주신 하나님의 뜻으로, 수업을 할 때나 가정방문, 동료교사와의 여러 학교생활에서 이제는 '기도하는 선생'으로 통하며 살게 되었으니 얼마나 감사한지 모른다. 또한 기도할 때 매번 부어주시는 그 은혜를 체험하며 여기까지 왔다. 아이들도 자신과 가정에 문제가 있을 때나 몸이 아플 때, 가정에 일이 있을 때

등 기도를 부탁하러 찾아오는 아이들을 만날 때면 하나님의 섭리에 감사할 뿐이다. 기도하는 교사이니 때리지도 못하고 욕도 할 수 없는 상황이어서 나에게는 더욱 지혜가 필요했다.

말씀으로 승부를

하나님께서는 교회에서 주로 송구영신 예배 때 '올해 주시는 하나님의 말씀'이라고 뽑는 성구서표를 활용할 수 있는 지혜를 주셨다. 나는 성경 말씀 중에서 위로와 격려, 평강, 은혜 등의 말씀을 색지에 프린트 했고 또 코팅을 해서 서표 형태로 잘랐다.

그 성구서표는 주로 아이들이 잘못을 저지를 때에 뽑도록 하였다. 그러면 아이들은 벌이기 때문에 어쩌지 못하고 뽑아야만 했다. 그러면 그 성구서표에 적혀 있는 말씀을 외우도록 하고 그 뜻을 설명해준 후 책갈피로 사용하라고 선물로 주곤 했다. 성구서표는 이러한 과정을 통하여 하나님의 말씀이 그 아이들에게 깊이 박히기를 소망하며 만들어진 것이다.

이 성구서표는 현재에도 큰 성과를 보고 있다. 아이들은 선생님이 외우라고 해서 무심코 외웠으나, 어느 날 공부하다가 꺼내 본 성구서표에 "구하라 그리하면 주실 것이요"의 말씀을 보고 기도하는 아이, 교회를 나가지 않는다 하더라도, 그리고 하나님을 믿지 않는다 하더라도 우리 하나님은 하나님의 때에 반드시 만나 주실 것이라는 확신이 들었다.

담배 끊는 방법

우리 아이들은 무엇이 옳은 것이고 무엇이 나쁜 것인지를 잘 알고 있다. 다만 처음에 시작한 잘못된 것들이 습관으로 길들어져 있어 고치기가 어렵다는 것이다. 그 대표적인 것이 술과 담배였다. 지금도 담배를 끊기 원하는 학생들을 여섯 명 지속적으로 만나고 있다. 나는 수업 시간에 아이들에게 공개적으로 말하곤 했다.

"얘들아, 너희들이 어떤 이유로 담배를 피우기 시작했는지 모르지만 중요한 것은 끊어야 한다는 거야. 그런데 학기 초에 하는 금연선포식이나 금연초를 피운다든가 하는 것들은 근본적인 해결책이 아니거든. 얘들아, 기도하면서 끊으려 하면 끊어진단다. 선생님과 같이 노력하면 어떨까? 이건 백 퍼센트 확실한 거야."

아이들은 웃으며 설마 하면서도 깊은 동조를 나타냈다. 그래서 만나는 아이들이 여섯 명이다. 작년에는 세 명의 여학생이 보름 동안 기도하며 노력한 끝에 담배에서 해방되었고, 예수님을 영접하였다.

음란한 것도요

나는 담배를 피는 아이들에게 적용될 말씀을 찾아 성구서표를 만들었다. 그것은 고린도전서 3장 16절에서 17절 말씀이었다.

"너희가 하나님의 성전인 것과 하나님의 성령이 너희 안에 거하시는 것을 알지 못하느뇨. 누구든지 하나님의 성령을 더럽히면 하나님이 그 사람을 멸하시리라. 하나님의 성전은 거룩하니 너희도 그러하니라."

요즘에는 이 성구서표를 가지고 들어가 담배 피는 아이들에게 전하며 말한다.

"담배를 끊고 싶은 마음이 들 때 이 말씀을 놓고 기도하며 노력해 보렴. 그러면 정말로 하나님께서 끊어주실 거야. 알겠니? 선생님한테 오면 더 좋고, 담배뿐만이 아니라 술도 해당되는 거야."

이쯤되면 아이들이 덧붙여 말한다.

"선생님, 음란한 것 보는 건요?"

"그 사람도 이것 가지고 기도해라."

"선생님, 여자 밝히는 건요?"

아이들은 "와!"하고 웃는다. 그만큼 아이들이 자신의 마음을 드러내는 것만도 기쁜 일이다. 문제를 아는 것은 그 문제를 해결할 수 있는 폭이 넓어지는 것이다.

바로 이거야

아이들과 만날 때면 답답한 것을 느낄 때가 있다. 그것은 복음을 전했을 때 즉각적인 응답을 받기가 참 어렵다는 것이다.

"영식아, 예수님 믿어야 한다. 알겠지? 꼭 믿어라."

용기를 내어 이야기 하며 접근하면 영식이는 "네"하며 지나가 버린다. 수업 시간에도 아이들을 일일이 붙잡고 4영리 등을 통해 영접

기도까지 인도한다는 것은 참으로 힘든 일이다. 하지만 상황과 여건이 안 좋은 곳에서조차 전도할 수 있는 마음과 또 결실을 주시는 것이 얼마나 감사한지 모른다.

기도하는 가운데 하나님이 알려 주신 것은 아이들의 마음속에는 하나님에 대한 소망이 분명히 있다는 것이다. 그런데 전도자인 내가 어떻게 접근하며 어떻게 말하며 어떤 방법을 행하느냐에 따라 그 아이의 마음이 열리는 정도가 다를 수 있다는 것이다. 물론 이것은 성령께서 주시는 것이어야 함은 말할 나위가 없다. 내가 말하는 것이 아니라 하나님께서 말씀하시는 것이 필요하며 또한 아이들은 자신들의 입술로 예수님을 나의 구주로 고백하는 것이 요구된다는 것이다. 지속적인 이런 고민을 하나님께서는 새로운 성구서표를 만들게 하시며 해결해주셨다. 그것은 곧 '영접기도 성구서표' 였다.

"주 예수님 나는 주님을 믿고 싶습니다. 십자가에서 죽으심으로 내 죄 값을 담당하시니 감사합니다. 지금 나는 내 마음의 문을 열고 예수님을 나의 구주, 나의 하나님으로 영접합니다. 나의 죄를 용서하시고 영생을 주심을 감사합니다. 나를 다스려 주시고 나를 주님이 원하시는 사람으로 만들어 주옵소서. 예수님의 이름으로 기도합니다. 아멘."

너무 간단하지 않니?

예쁜 한지에 위의 영접기도 말씀을 적어 프린트 하고 코팅을 한 후 서표 형태로 잘랐다. 이 작업을 하면서 기도했다.

"하나님, 아버지께서 가르쳐주신 방법대로 이것을 만듭니다. 이 영접기도 서표를 받는 아이들마다 주님을 만날 수 있게 해주세요. 분명 그렇게 하시리라 믿습니다."

담배 피는 아이들을 위한 성구서표와 이 영접기도 성구서표, 그리고 하나님의 좋은 말씀이 적혀 있는 성구서표 등 세 종류를 가지고 말썽 많은 1학년 남학생들. 수업에 들어갔다. 수업시작 전 기도를 한 후 아이들에게 말했다.

"얘들아, 오늘은 선생님이 너희들에게 좋은 친구를 한 명 소개하려 해. 그리고 또 특별한 서표를 너희들에게 하나씩 선물할 거야. 우리들 마음속에는 신에 대한 갈망이 분명히 있거든. 그래서 세상에는 여러 종교가 있잖니? 나는 너희들에게 우리의 구세주이시고 좋은 친구가 되시는 예수님을 소개하려고 해. 그런데 너희들 가운데 많은 친구들이 종교와 관계없이 예수님을 만나고 싶어 하는 아이들이 있는 것 같아. 그래서 예수님을 만날 수 있는 간단한 방법을 알려주려고 해."

또렷이 쳐다보는 아이들을 향해 나는 영접기도 성구서표 한 장을 높이 들었다.

"바로 이거야. 영접기도문이 적혀 있는 서표야. 지금은 예수님을 잘 알지 못해도 이것을 가지고 있다가 예수님을 만나고 싶은 마음이

든다면 이 말씀을 꺼내놓고 진심으로 기도하렴. 그러면 그 사람은 예수님을 만나고 구원을 얻는 거야. 천국에 가는 거구…. 어때? 예수님 영접하는 것 너무 간단하지 않니?"

저도 하나 주세요

악동들이며 중학교 티가 아직 벗어나지 않는 1학년 남학생들이 그렇게 조용한 것이 나는 더욱 의아했다. 그런 아이들을 바라보며 나는 말을 계속했다.

"얘들아, 자, 어때? 지금 이 시간 이 서표를 가지고 기도하기를 원하는 사람이 있지 않니? 너희들의 마음속에 예수님이, 하나님이 계신다고 생각해 봐. 얼마나 든든한 일이니? 그렇지? 지금 원하는 사람은 이 앞으로 나오렴. 바로 줄 테니까."

내 말이 끝나자마자 두세 명이 일어나는 듯했다. 그런데 이어서 한쪽에서 두어 명, 또 저쪽에서 동시다발로 일어서는 아이들을 보며 사실 놀라웠다. 앞으로 나온 아이들은 열다섯 명 정도였다. 아! 주님께서는 오늘이 오기까지 이 아이들을 기다리셨던 것 아닌가. 진한 감동이 밀려 왔다. 이 기도문을 진심으로 외는 순간 예수님께서 우리 아이들을 만나주실 것이라는 생각, 십자가에 죽으신 예수님께서 이 아이들을 인도하실 것이라는 생각에 춤이라도 추고 싶은 심정이었다. 눈에는 눈물이 핑 돌고 있었다.

그 때였다. 한 남학생이 "선생님!"하고 외쳤다.

"그거 저 하나 주시면 안돼요? 나중에라도 필요할 것 같아서요."

나는 밝은 얼굴로 기쁘게 말했다.

"왜 안 되겠니? 그럼 이것을 한 개씩 더 줄 테니까 너희들 가지고 있다가 예수님을 진정 만나고 싶다 생각이 들 때나 생활이 힘들 때나 하여튼 영접기도 하고 싶을 때 하면 되는 거야. 그리고 교회에도 나가고 말이야. 어때? 좋지? 여유가 있으면 친구들에게도 전하구…."

아이들은 입을 모아 대답했다.

"네, 선생님!"

성령께서 주관하시는 일들

영훈고는 복 받은 학교임에 틀림없다. 이 영접기도 성구서표는 사실 크게 기대하지 않았던 일이었다. 그런데 이 현상은 1학년 남학생뿐만 아니라 3학년 남녀학생에게도 동일하게 나타났다. 우리 아이들은 이 날이 오기를 기다리고 있었던 것 같다. 물론 하나님께서 더욱 기다리셨겠지만 말이다.

우리의 목소리가 아닌 하나님의 말씀의 소리로, 나의 생각이 아닌 하나님의 사랑과 계획을 알려주는 일, 그것에 우리가 목숨을 걸어야 할 것이다. 현장에서 때에 따라 알맞게 주시는 이와 같은 지혜를 얻으면 그렇게 감사하고 기쁠 수가 없다.

이 영접기도 성구서표를 통하여 우리 아이들과 그 가족들의 영혼이 구원을 얻게 되리라 믿는다.

# 한 달 용돈을 드리겠어요

청소년 순결 비상

학생들의 순결에 비상이 걸렸다. 남녀칠세부동석은 아닌 시대라 하더라도 이제 밖에서는 말할 것도 없고, 교정에서도 남녀 학생이 손을 잡고 다니는 것을 공공연히 보게 된다. 보이지 않는 곳에서는 서로 손잡고, 안으며, 입을 맞추고, 그 이상까지도 예외는 아닌 세상이 되고 말았다.

하나님께서 주신 비전 가운데 하나인 순결서약예배는 2001년 5월 19일부터 시작되었다. 그 당시 문예기자부와 가스펠반 학생 70명을 대상으로 학교 근처 신성교회에서 순결서약을 했다. 이 순결서약 프로그램은 한동대학교에서 대학생들을 대상으로 하는 것을 청소년들에게 맞게 변형한 것이다.

기독교학교가 아니고, 더욱이 종교반을 인정하지 않으며, 심한 압

박까지 가해오는 학교와 불신자 교사들로 인하여, 종교색이 드러나는 행사는 사실 어려움이 많았다. 그러나 2003년 말까지 1200명의 학생을 대상으로 순결서약을 진행할 수 있었던 것은 전적으로 하나님의 은혜였다.

학교 차원으로 확대

2004년에 들어오면서 하나님께서 좀더 구체적으로 허락하신 '영훈고 비전 10대 프로젝트' 안에 순결서약에 관한 내용이 있다. 이 안을 가지고 교장선생님과 마주 했다.

"최선생, 이거 참 좋은데. 그런데 기독교학교도 아니고, 이런건 학교 차원의 행사로 하면 안 되나? 금연선포식처럼 말이야. 학생부에서 주관하구…."

충분히 나올 수 있는 얘기였다. 그러나 순결서약을 하는데 그 서약의 대상을 인간에게 할 수는 없지 않은가.

"교장선생님, 예배 형식이 아니면 좀 어려운 면이 있습니다. 찬송가나 기도 등 이러한 사항들을 놓고 한번 기도하며 고민해 보겠습니다."

"그래, 최선생. 믿지 않는 학생들이나 선생님들도 그렇지만 무엇보다 이사장님이 문제 아니겠어? 그러니까 우리가 이사장님 영혼을 놓고 더 기도해야 한다구."

장로님이시면서 이 학교에 30여 년을 바치신 교장선생님. 이 분의 마지막 교직 생활이 하나님께 영광을 돌려드리는 삶이 되기를 매일 기도하고 있다.

예산이 없어요

순결서약을 진행하는 것은 상담부에서 하기로 했다. 그것을 리드하시는 분은 박선생님이시며 신실하신 분이다. 박선생님은 기안을 하여 교장선생님께 정식으로 결재를 올렸다. 결국 1학기 여름방학 전에 1, 2학년 전체 학생 약 1100명을 대상으로 체육관에서 순결서약을 하기로 했다. 3학년 600여명은 대입 수능이 끝나고 따로 하기로 했다.

이러한 계획으로 나를 찾아 온 박선생님의 얼굴은 그다지 밝지 않았다.

"최선생님, 어쩌죠?"

"아니, 왜요? 선생님."

"학교에서 예산이 따로 편성된 것이 없어서요. 순결서약을 하려면 배지와 서약서, 코팅값 등 150만 원은 들 것 같은데, 지금 약 20만 원 정도밖에 상담부에 없거든요."

"그렇군요. 그러면 어쩌죠? 선생님."

"배지는 하지 말고, 서약서는 인쇄소에 맡기지 말고 학교 인쇄실에서 색지를 사다가 밀면 어떨까요? 그러면 코팅비만 지출하면 되구요."

나는 박선생님의 말씀을 들으며 그것은 아니라는 생각이 들었다. 순결서약식은 약혼식이나 결혼식 이상의 의미가 있지 않은가.

돈이라, 돈 때문에 전교생의 순결서약을 할 수 없다는 것은 말이 되지 않았다. 그러나 150만 원은 적은 돈이 아니었다. 기독교반 헌금도 '영훈기독인대회'를 준비코자 하는 약간의 비용만 있을 뿐이었다.

주시지 않는다 하더라도

나는 잠시 가슴이 답답했다. 한동안 어찌 하나 생각하다가 박선생님께 말했다.

"선생님, 저는 지금 두 가지를 생각하고 있습니다. 하나는 하나님께서 우리가 너무 급하게 진행하는 것을 막으시는 건 아닌가 하는 것과, 또 하나는 큰 의미가 있는 것이니까 어려움이 있더라도 걱정하지 말고 나아가라는 신호가 아닌가 하는 거예요…. 어떤 걸까요? 선생님."

박선생님은 주저없이 말씀하셨다.

"당연히 후자예요. 선생님. 하지만 지금 당장 돈이 없으니…."

나는 박선생님께 또렷하게 말했다.

"선생님, 우리 앞서 걱정하지 말죠. 최소한 열흘은 남았으니까 기도하면서 준비하면 될 거예요. 분명히 하나님께서 기뻐하실 일 아니겠어요? 선생님 제가 지금 여기서 기도 한 번만 할게요."

나는 눈을 감았다. 그리고 간절히 기도했다. 박선생님도 함께 고개를 숙였다.

"하나님, 이 순결서약이 하나님의 마음에 합당한 것이라면 모든 것을 다 주관하실 줄 믿습니다. 150만 원이 필요합니다. 주시옵소서. 아니 주시지 않는다 하더라도 하나님이 원하시는 것이라면 행하겠습니다."

나는 기도를 하면서 하나님께서 들려주시는 음성을 가슴에 담았다.

직격탄 기도

기도를 마친 후 박선생님께 말씀을 드렸다.

"선생님, 우리 진행하죠. 지금 돈이 없지만 돈으로 하는 것이 아니라, 믿음으로 나아가면 된다는 확신을 다시 한 번 주셨어요."

"그럼, 배지는…."

"지금 기독교반에 약간의 물질이 있어요. 그리고 안 되는 것은 하나님께서 알아서 하시겠지요. 하나님이 원하시는 일이라면 주실 것이고, 그리아니하실지라도 진행해야죠. 생각만해도 벅찬 일이잖아요. 70명으로 시작된 순결서약이 3년 만에 전교생을 대상으로 실시되는 큰 비전을 이루시는 건데요. 아마 언론에서도 크게 보도하지 않을까요? 기독교학교도 아닌 곳에서 전교생 대상으로 순결서약을 하니 말이에요. 하하하."

물질 때문에 순결서약식이 미루어진다거나 또는 취소되어서는 안

될 말이었다. 예정대로 진행하기로 했다. 기독교반 아이들과 기도할 때도 또 수업 시간에도 순결서약을 놓고 기도했다. 하나님께 직격탄으로 기도했다.

"주님, 순결 서약에 필요한 물질, 150만 원을 주십시오. 당연히 주실 거죠?"

한 달치 용돈을

다음 날 아침, 학교 안의 예배드리는 공간에서 기도를 한 후 내가 사용하고 있는 기록보존실로 가는데, 문 앞에서 한 여학생이 나를 기다리고 있었다. 그 여학생은 나를 보자마자 꾸벅 인사를 했다.

"아! 정희야, 안녕!"

정희였다. 예쁘장하고 나를 잘 따르는, 그러나 교회에는 나가지 않는 학생이다.

"정희야, 어쩐 일이야? 이렇게 일찍?"

정희는 대답 대신 손에 든 것을 쑥 내밀었다.

"뭐니? 이게?"

"책이에요, 선생님. 제가 좋아하는… 아주 재밌어요."

하면서 황급히 달아나는 것이다. 수줍을 수도 있지만, 평소와 다르게 '그렇게까지 달아날 이유가 뭐 있나' 생각하며, 방에 들어가 포장지를 뜯었다. 그 책은 '마린블루스'라는 그림과 글이 들어 있는 책이었다. 책을 훑어보다가 나는 책 사이에 끼워 놓은 흰 봉투를 발견했다. 뭔가 했더니 돈이 들어 있었다. 아니 얘가… 하면서 엽서를 읽었다.

"… 순결서약식 150만 원 땜에 기도 중이신 선생님, 이번에 제 한 달치 용돈을 서약식에 All In하려 합니다. 정말 얼마 안 되는 돈이지만 마구 먹고, 노래방 가고 하는 것보다 이게 훨씬 값어치 있는 일인 것 같아요. 그쵸? 이제 남은 건 145만 원!! 오케이. 얼마 안 남았음!!!"

여기까지 읽었을 때 내 눈에는 눈물이 핑 돌았다. 주신다는 신호, 그리고 아무 염려하지 말라는 하나님! 게다가 믿지 않는 정희를 붙여 주신 것은 정희의 예수님 영접!

하나님의 텔레파시를 정희를 통하여 읽도록 하신 하나님께 무척 감사했다.

동역자의 움직임

사실 어떤 물질적인 면이 필요하다 하더라도 선뜻 물질로 함께 하기가 어려운 것은 여건이 허락지 않기 때문이다. 그러나 나에게 있어서는 어떤 방법도 없지 않은가. 하나님께서 기뻐하실 것이기 때문에 주실 것이라는, 그럼에도 안 주신다면 그대로 하라는 음성으로 들을 수밖에 없는 것 아닌가. 순결서약식은 하나님이 기뻐하시는 것임에 틀림없으니까, 하지 않을 수는 없는 것이었다.

아버지학교 게시판에 한 형제가 영훈고의 순결서약식을 위해 다음과 같은 글을 올렸다.

"우리 함께 동참합시다. 아버지학교 동역자 여러분!

우리 함께 동참합시다. 우리 아버지들은 형제님을 통해 많은 빚을 지지 않으셨습니까?

돈이 문제가 아닙니다. 우리의 마음이 문제이지요(우리 형제님들의 마음은 넓고 뜨겁습니다).

우리 함께 동참합시다. 나의 딸, 아들이 아닙니까?

145만 원이 문제가 아니지요. 더 큰 일도 우리는 해 낼 수 있습니다.

모든 형제님 화이팅!!!

공감하시는 형제님들 많은 후원 및 꼬리글 부탁해요.

아직은 철없는 초보운전수 정차교 형제 올림."

그 형제의 마음이 따뜻했다. 한편으로는 이렇게 글을 올리는 것이 형제들에게 부담이 되는 것은 아닌지 하는 마음도 있었다. 그러나 기도 가운데 물질도 움직이고 하나님의 마음을 품을 때 물질도 그 역할을 다하는 것이 아닌가.

아버지학교 본부장이신 김성묵 장로님께서 중국으로 가시면서 일정한 물질로 후원해주셨다. 그리고 정차교 형제, 엄원용 목사님, 최규청 형제, 김용성 집사 그리고 김종희 집사 등이 물질을 보내왔다.

걱정하지 말라니까

기독교학교가 아니기에 무엇보다 지혜가 필요했다. 서약순서 중 찬양과 말씀, 기도 순서 등과 서약증서에 기독교적인 것이 너무 나타나면 이모저모로 반감이 날 것이기에 기도하지 않을 수가 없었다. 하나님께서는 준비하는 우리들에게 지혜를 주셔서 모든 것을 순조롭게 허락해 주셨다.

순결에 관한 메시지를 부탁드리러 학교 근방의 신성교회 이희수 목사님을 찾았다. 우리를 기도와 물질로 돕는 교회의 담임목사님이시다. 목사님께서는 나를 반갑게 맞으셨다.

"목사님, 평안하신지요? 이번 순결서약에 메시지를 맡아주셔서 감사합니다."

목사님은 예의 그 평온한 모습으로 격려의 말씀을 하셨다.

"집사님과 같은 영훈고 선생님들의 노력이 얼마나 감사한지 모릅니다. 저희들이 도울 수 있는 것은 도와드리려고 합니다. 마침 노회의 모임이 있었는데, 영훈고의 순결서약에 대해 이야기를 했더니, 30만 원을 지원해주었어요. 그리고 제가 20만 원해서 일단 50만 원을 지원하겠습니다."

나는 머리를 숙이며 진심으로 감사했다.

"목사님, 고맙습니다. 큰 힘이 되어주셔서요."

"아, 그리고 어제 금요철야 때 제가 성도님들께 말했습니다. 기독교학교가 아닌 영훈고에서 순결서약을 전교생 대상으로 하니 얼마나 감사한 일이냐구요. 그래서 감동이 오시는 분은 헌금을 하시라고 했더니 25만 원이 들어왔습니다. 참 감사하지요? 아마도 풍족하게 채워주실 것입니다."

복 받은 영훈고

진심으로 감사했다. 물질 때문만이 아니라 하나님의 마음을 품고 물질과 기도로 돕는 손길이 있다는 것은 기도하는 자들을 격려하는 데 충분한 것이기에 말이다.

나는 연신 감사의 뜻을 전했다. 목사님께서는 말씀을 이으셨다.

"집사님, 작년인가 집사님이 영훈고를 인수하라고 했잖아요. 그때는 그게 가능한가 했는데, 지금은 가끔씩 그 기도를 한답니다. 하나님께서 그런 마음을 주세요."

"네, 목사님. 꼭 그렇게 되길 저도 기도할게요. 영훈고는 복 받은 학교임에 틀림없습니다. 정말 감사합니다."

이렇게 하나씩 준비되는 과정에서 배지와 순결서약증서를 제작하는 씨티플랜 윤용민 과장은 서약증서 2000장을 후원했고, 하나님의 일하심을 지켜보며 놀랍고 가슴이 찡해 온다고 고백했다. 이렇게 이모저모로 순결서약에 관한 물질은 이미 정한 금액 150만 원을 훨씬 넘어 있었다. 하나님께서는 무척 기뻐셨던 것 같다. 수능 후에 있을 고3 아이들의 순결서약 비용까지도 미리 준비케 하셨으니까.

하나님! 알아서 하시는 거죠?

초청하고 싶어요

"저는 K학원 이사장입니다. 선생님을 저희 학원 교직원 대상의 연수 강사님으로 초청하고 싶어 전화를 드렸습니다."

교회 수련회로 동해에 있을 때 받은 전화였다. 나는 잠시 내 귀를 의심했다. 유치원부터 초, 중, 고, 대학교를 이끌고 있는 한 학원 이사장님의 전화는 그 신분을 개의치 않는 신선함을 풍기고 있었기 때문이었다.

교사, 교수들을 포함한 교직원이 약 500명, 그 이사장님은 국회의원이기도 했다. 그리고 기독교학교로 세워졌고, 또 신앙교육을 바탕으로 후진 양성에 힘을 다하고 있는 학교였다.

"이사장님, 좋은 기회를 주셔서 감사합니다. 먼저 제 일정을 살피고 기도한 후, 연락 올리면 안 될까요?"

"네, 그래 주십시오. 기다리겠습니다."
그리고 다음 날, 나는 강의 허락 전화를 드렸다.

어서 연락 주세요

수련회의 진행을 하느라 분주하게 오갈 즈음, 핸드폰에 들어와 있는 음성메시지를 체크했다. 영훈학원 이사장님의 비서로부터 메시지가 녹음되어 있었다.

"최선생님, 이사장님께서 만나기를 원하십니다. 일단 들으시는 대로 연락 주세요."

나는 지금 집필 중인 「영훈학원 40년사」 관계이겠거니 생각하면서도, 이렇게 급한 일이 무엇일까 궁금하기도 하였다.

비서는 그 내용을 알지 못했다. 이윽고 전화를 이사장님실로 돌렸고 나는 이내 통화를 할 수 있었다.

"최선생, 다른 것이 아니고 K학원에 가서 강의한다면서… 거기 이사장님을 어제 만났는데 말씀하시더라구. 그분 아버님이 설립자이신데 우리 김영훈 학원장님과 너무 잘 아시는 분이야. 그분도 그랬고, 그리고 지금 그 아들도 모두 국회의원이고 말야."

"네, 그렇군요. 이사장님."

"내가 연락을 한 것은 다름이 아니고 부탁을 하려구. 혹시 너무 급진적으로 강의하지 말고 우리 학교 좋은 점만 말해주구…"

나는 웃으며 말했다.

"이사장님, 저 크리스천인 것 아시죠?"

"그럼, 알지. 잘 알고말고⋯."

"제가 왜 학교의 나쁜 점을 말하겠어요? 우리 학교에서 일어난 아름다운 이야기, 감동적인 이야기들을 하게 될 겁니다. 걱정하지 마세요. 아니, 이사장님! 많이 염려되시면 제가 가지 말까요?"

무슨 뜻인지요?

이사장님은 하하 웃으면서 말했다.

"아니, 안 가기는 왜 안 가. 당연히 가서 강의 잘 해야지. 응? 다만 우리하고 밀접한 관련이 있는 분들인지라 부탁을 하는 거야."

"네. 이사장님. 잘 알겠습니다. 강의도 잘 하도록 하겠습니다."

통화를 마치고 한동안 생각에 잠겼다. 그리고 기도했다.

"하나님, 제가 강의할 수 있는 내용이 무엇이 있겠습니까? 하나님 이야기 아닙니까? 그런데 이 이사장님의 전화는 어떤 뜻인지요? 아니, 하나님의 뜻은 무엇인지요?"

전교조 교사로 시작한 나의 교사 생활, 그리고 자율과 정의를 앞세우고 비판성을 무기로 삼고, 속칭 벌떡교사로 지냈던 교직 초창기, 그리고 그 후 근육병 제자들을 만나며 나는 기도하는 교사로 바뀌었다.

아마도 영훈학원 이사장님은 나의 초창기 교사 생활을 아직도 강하게 인식하고 계신 지도 모른다는 생각이 들었다. 더욱이 이사장님은 올해부터 한국사립중고법인연합회 회장이라는 중책을 담당하여 우리나라의 학원 이사장님들과 총장들을 상대해야 하는 입장에 놓여 있기 때문에, 더 그러하다는 생각이 들었다.

그러나 한 평교사를 강사로 초청하기로 마음먹고 직접 전화를 한 K학원 이사장님의 전화나, 우리 영훈학원의 이사장님의 연락은 단순하고 평범한 일은 아니라는 생각이 들었다. 하나님의 섭리는 분명히 있다. 그렇다면 무엇일까.

영훈학원 이사장

우리 영훈학원의 이사장님은 교회를 나가지 않는다.

순수하고 선하신 분으로 알고 있는데, 설립자께서 돌아가신 후 우리 학교에 오셔서 종교를 싫어하는 교장, 교사들의 집요한 요청에 부응해 그 당시 활발하게 활동하던 모든 활동을 금지했다. 그리고 16년 후 이 가운데서 하나님의 역사로 신우회와 기독학생회만 학교에서 활동하도록 하나님께서 인도하셨다.

이사장님을 위해 기도하지 않은 날이 없다. 우리 기독학생들도 그리고 내외의 많은 분들도 지속적으로 기도하고 있다. 이사장님을 만지시고 예수님께서 만나주시는 날이 있을 것이라는 소망을 버리지 않는다. 왜냐하면 기도하고 있기 때문이다.

이사장님께서 2년 전 쯤 자신을 위해 기도해달라고 말씀하신 적이 있다. 70대 후반으로 치닫는 나이와 건강, 하는 일 등. 자연과 인생과 종교에 대해 많은 생각을 하게 된다며 기독교신자는 아니지만 기도를 부탁한다고 했던 적이 있었다. 이런 여러 가지 일들이 떠올랐다. 나는 다시 한 번 기도하였다.

"하나님, 어떤 이야기든지 조절할 것은 아니지요. 영훈고에 역사하신 하나님의 은혜와 부족한 저와 우리 기도하는 학생들을 들어 사용하시는 하나님의 이야기를 증거하기를 원합니다. 그곳은 기독교학교니까 더욱이 하나님이 알아서 제 입술을 더 강하게 붙드실 줄 믿습니다. 이 과정이 영훈학원의 복음화 과정인 줄 믿습니다. 우리 이사장님도 만나주시고 영혼 구원 이루실 줄 믿습니다."

너랑 동창이야

학교에 출근했다.

방학 중이지만 해야 할 일들은 항시 있었고, 특히 「영훈학원 40년사」의 집필이 이번 해에 마무리되어야 하기에 분주했다.

자리에 앉아 한참 일을 하는데 전화벨이 울렸다.

"관하야! 나, 정하다."

'정하?'

기억은 나는데 순간적으로 떠오르지 않는 얼굴이었다. 잠시 가만히 있던 중 수화기 속의 목소리는 계속 이어졌.

"얘가, 동창 목소리도 잊어버렸니?"

"아, 그래. 미안! 갑자기 연락을 해서 말이야."

"그래, 오랜만이지?"

정하는 천천히 말을 이었다. 나는 정하가 같은 반도 아니었고, 무슨 일을 하는지도 알지 못했다. 동창이지만 이름 정도 알고 지내는 사이였던 것이다. 나는 모교에서 근무하기 때문에 동창들이 많이 알고 있는 듯 했다. 그런데 갑자기 정하는 무슨 일로 전화를 한 걸까?

국회보좌관이야

"관하야. 어제 너희 이사장님 만났어."
"응? 이사장님이라니? 어디서? 왜?"
나는 이 친구가 어느 모임에서 우연히 이사장님을 만났거니 생각하고 있었다. 정하는 말을 계속 이었다.
"으응. 내가 그 국회의원 있잖아. 김OO 의원, 보좌관이잖아."
'국회의원 보좌관이라니.' 나는 잘 알지 못했다. 그도 그럴 것이 이 친구는 재학 시절 얼굴만 아는 사이였고 또 졸업한 이후에도 많은 이야기를 나눈 사이는 아니었기 때문이었다.
"그래, 정하야. 그럼 정치 쪽이로구나."
"응, 그래 요즘 우리 의원님이 사학 개혁 관계 때문에 여러 일을 하시다가 영훈학원 이사장님을 만나게 됐어. 그래서 내가 인사하게 된 거야. 영훈고 7기 졸업생이라고 했고, 네 동기라고 했더니 대뜸 최선생이 요즘 강의 하러 다니느라 무척 바쁘다고 말씀하시던데…."
"그래 그런 일이 있었구나."
갑자기 생각지도 않던 학교에서의 강의 요청과 국회에 있는 보좌관이라는 친구, 그리고 이사장님의 전화 등 무엇인가 영적 흐름이 느껴졌다. 그 흐름은 하나님께서 이사장님을 강하게 붙들고자 하는 마음이시라는 것이 또한 강하게 다가왔다.

식사를 하는 자리에서

그리고 약 일주일 후 나는 고등학교 교장 선생님과 여의도로 향했다. 이사장님과 이정하 보좌관, 그리고 교장선생님과 그 외 정치하는 분들, 사학재단 관련 되는 분들과 점심 식사를 같이했다. 그 자리에서도 이사장님은 이렇게 말씀하셨다.

"최선생, 오늘 아침에도 그 K학원 학원장님을 만났어. 조찬 모임을 가졌거든. 최선생에게 크게 기대한다고 하시더라구. 그리고 개교 이래 30년 동안 평교사 강사는 최선생이 처음이라는 거야. 강사들이 그동안 대학교 총장, 무슨 교수, 박사들이었다네. 잘 할 수 있겠지?"

나는 웃으며 말했다.

"이사장님, 걱정하지 마세요. 우리 영훈고의 좋은 이야기들을 많이 하게 될 겁니다. 다녀와서 인사드리러 가겠습니다."

이사장님도 기분이 좋은지 술을 두 잔을 들이키더니 껄껄 웃으셨다.

이 분이 전교조더라구요

　K학원 강의는 영훈고 기독학생 수련회중 마지막 날에 있었다. 그래서 나의 어린 동역자인 영훈고의 아이들과 동행하였다. 고3 아이들과 직장을 나가는 동문들은 새벽 2시의 집회가 모두 끝난 후 귀가하고, 졸업생까지 약 13명 정도의 아이들이 따라 나섰다.

　드디어 K학원의 강의를 위해 단 위에 올랐다. 그 때 80세가 훌쩍 넘은 K학원장께서 마이크 앞으로 나오시더니 말씀하셨다.

　"여러분, 이 선생님에 대해서는 제가 소개하려고 합니다."

　나는 잠시 놀랐다. 한 사람의 평교사를 직접 소개하는 학원장, 원래 종교부장 선생님이 하신다고 약력을 적었었는데. 나를 강사로 최대한 예우를 하는 학원장님이심을 느낄 수 있었다. 기독교학교의 설립자라고 모두 이렇지는 않을 텐데 하고 생각할 즈음 학원장님의 말씀은 계속되었다.

　"여러분, 이 선생님은 한 마디로 요즘 엄청 뜨는 분입니다. 「울보선생」이라는 책을 읽었는데 얼마나 기도하시며 아이들 사랑에 열심이신지 모르겠어요. 그런데 제가 이 분을 안 부르려고 했었습니다."

　모두들 의아하다는 듯이 고개를 갸우뚱했다. 나도 어떤 연유인가 생각하고 있는데.

　"아 글쎄 이 분이 전교조를 했더라고요. 우리는 어쨌든 전교조는 안 되는 거니까. 내가 안된다고 했어요. 아, 그런데 D목사님도 그렇고 이사장도 그렇고…. 그래서 내가 영훈학원 이사장한테 전화를 했어요. 그 분은 사학관계 일로 자주 만나는 사이거든요. 그래서 이 분을 모시고 싶은데 전교조라 안되겠다 했더니, 예전에는 한 때 그랬지만 지금은 아니라는거예요. 그래서 그분이 책임지신다고 해서 모셨습니다."

이 말이 끝나기가 무섭게 그곳에 모신 분들은 박장대소를 했다. 나도 웃음이 터져 나왔다.

'그랬군, 그래서 우리 이사장님이 나에게 전화를 해서 급진적인 얘기 운운 하신 것이로군.'

울다 웃다가

분위기가 한층 부드러워졌다. 나는 최대한 평안함을 누리고 있었다.

기독교학교도 여러 분위기가 있다. 그런데 이 학교는 일단 학원장의 믿음이 대단하다고 느껴지고, 또한 연수의 분위기가 매우 조직적이고 치밀하며 또한 열정을 가지고 있는 분위기가 나를 힘있게 만들고 있었다.

나는 곧 강의를 시작했다.

"학원장님께서 제 과거 이야기를 생각나게 하셔서 감사합니다. 저도 잠시 잊고 지냈던 것인데… 하하하, 고맙습니다."

나의 이 말에 그곳에 모인 교수, 교사, 교직원 500여 명이 또 한 번 웃었다.

여러 강의를 다녔지만 이곳에서 이토록 내가 은혜를 받으며 강의하게 하실 줄은 미처 생각지 못했다. 더욱이 수련회 관계로 늦게 잠을 잤고, 선잠으로 밤에 여러 번 깨어서인지 몸이 개운치 않은 아침이었다. 눈도 벌갰었다. 그런데 강의를 하면 할수록 내 몸은 회복 되고 있었다. 눈에서는 눈물이 솟구치고 가슴에서 치밀어 오르는 감동의 간증은 수 백 명의 선생님들을 뒤흔들고 있었던 것이다.

'하나님 감사합니다. 감사합니다.'

이 말을 강의를 하는 도중 마음속으로 수없이 외치며 인도했다. 하나님께서는 먼저 나에게 은혜를 마구 부어주고 계셨던 것이다.

"여러분, 저는 여러분들이 부럽습니다. 마음껏 기도하고 마음껏 찬양할 수 있잖아요. 그런데 어떻습니까? 너무 잘 되어 있어서 나태한 것은 아닌지요? 저는 풀무불 같은 영훈학교에서 목숨을 걸고 기도합니다. 여러분들도 지금 현재의 학교에서 그렇게 기도하셔야 할 줄로 믿습니다."

하나님의 역사하심을 증거하는 간증 겸 강의에 모두들 웃다 울다 하였다. 그러는 가운데 나와 기독학생, 신우회 교사의 활동, 그리고 아버지학교 활동 강의와, 자료 영상물을 보는 것으로 1시간 30분의 시간이 훌쩍 지났다.

은혜에 감사하며

강의를 마치고 단 아래로 내려갔다. 잠시 의자에 앉아 감사 기도를 드린 후, K학원장님께 가까이 갔다. 학원장님은 일어선 채로 잠시 아무 말씀도 없더니 두 손으로 내 손을 잡았다. 그리고 조용히 말씀하셨다.

"최선생님, 와주셔서 정말 감사합니다. 고맙습니다."

식사를 하러 이동하는 중에도 학원장님은 내 손을 잡았다. 진한 감동이 느껴졌다.

"최선생님! 영훈학원 이사장님이 예수님을 안 믿는다고 했죠? 그건 걱정하지 마세요."

이 말을 듣는 순간 나는 왈칵 눈물이 솟구쳤다. 그 말씀이 곧 하나님의 음성이라고 들렸기 때문이다. 바로 이것이었던가. 하는 생각이 들었다. K학원에 영향을 끼치는 것뿐만이 아니라 결국 영훈학원을 변화시키고 우리 이사장님을 만나주시고자 하는 하나님의 계획이 아니겠는가.

"고맙습니다. 학원장님."

식사를 하면서도 기쁜 마음은 계속되고 있었다. 학원장님과 사모님, 그리고 교목 세 분이 자리를 같이 했다. 학원장님은 말씀하셨다.

"최선생님, 사실은 정말 놀랐습니다. 기독교학교가 아닌 곳에서 일어나는 하나님의 역사하심이에요, 그리고 선생님, 많이 힘 드시지요? 우리 학교 선생님들이 우리 학교가 이제 좋다는 생각도 하셨을 것 같습니다."

학원장님은 식사 중에도 말씀을 계속하였다. 그 때 함께 있던 목사님이 말씀하셨다.

"선생님, 우리도 순결서약을 했으면 합니다. 자료를 좀 보내주세요. 학원장님 너무 좋지 않을까요?"

학원장님은 고개를 끄덕였다. 그리고 순결서약식과 더불어 학원아버지학교, 욕 안하기 캠페인 등을 전개하겠다는 말씀을 하셨다. 강의 후 곧바로 지혜를 얻고 또 추진하고자 하는 그 열정에 놀라지 않을 수가 없었다.

최고의 추석 선물

저를 위해 기도해 주세요

대입 수능을 두 달 남짓 앞두고 있다. 기도하는 교사로서 아이들에게 힘이 되어 줄 수 있는 방법은 무엇일까? 그것은 단연 기도다. 이제 진도도 거의 끝나가고 아이들의 마음도 변하는 날씨처럼 스산한 가을 바로 이 때.

"힘을 내렴. 선생님이 다른 것은 몰라도 널 위해 기도할 수는 있으니까. 응? 최소한 한 사람은 널 위해 기도한다고 생각해도 좋아. 알았지? 절대 포기하는 생각 가지면 안 돼."

이렇게 힘을 북돋는다. 그리고 새벽기도와 학교에서의 모든 기도하는 시간에 빠짐없이 기도하려고 노력한다. 그러던 중 아이들의 기도 제목을 받았다. 구체적으로 내용을 알고 기도하는 것이 더 좋기 때문이다. 아이들은 내가 나눠 준 '나를 위해 아래 내용으로 기도해

주세요' 라는 백지에 진지하게 쓰기 시작했다.

고3! 20여 년이 지난 나도 신기하게 고3 생활은 전혀 잊혀지지 않는다. 고3이라 대접을 받으면서도 말 못하게 외로웠던 그 때, 이상야릇한 느낌마저 드는 고3 때의 생활에 그래도 감사한 것은 친한 친구가 많이 생겼다는 것이다.

고3 수업에 들어가는 학급 약 300장의 기도 요청문을 받아 들고 기도하기 시작했다. 새벽기도, 쉬는 시간, 학교에서의 기독활동 중 기도 시간, 또는 길을 걸으면서도 떠오르는 아이들부터 기도 했다.

대학 합격의 기쁨을 달라고 기도했다. 그러나 무엇보다 이러한 과정을 통하여 영훈고를 졸업하기 전에 우리 아이들이 예수님을 만나게 해달라고 기도했다. 그리고 아이들의 가정을, 꿈을, 비전을 놓고 기도했다. 예수님을 믿는 아이들은 대학 입시를 준비하고 대학을 가는 모든 과정이 간증이 되게 해달라고 기도했다. 어느 대학을 가는 것보다 더 중요한 것은 하나님의 인도함을 끝까지 구하고 또 받고 있는가 하는 것이다.

하나님과의 동행, 그 동행의 삶이 바로 축복이다.

집에 들어가기가 싫어요

"저는 요새 집에 들어가기가 싫어요. 집에 들어가면 기분이 침울해지거든요. 저희 집이 요새 좀 많이, 아주 많이 힘들어요. 좋지 않은 일들만 겹쳐서 일어나요. 경제적으로, 정신적으로요. 그래서 저희 집

안에 화목한 생활 할 수 있도록 빌어 주세요.

그리고 두 번째 저 어떻게 해서든 대학 들어가야 해요. 재수할 경제적 여력도 안되고, 대학 들어가도 학비가 어떨지는 모르지만 제게 행운이 따르게 빌어주세요. 그리고 친구들과의 사이도 좋아지게요. 너무 욕심이 많죠?"

가영이의 기도 요청문이다. 항시 조용하고 말없고 수줍어하는 가영이의 글을 보고 가정의 변화가 일어났음을 감지할 수 있었다. 아직 예수님을 믿지 않는 아이였다. 하나님께서 주신 기회라는 마음이 들면서 가영이를 위해 더욱 기도하게 되었다. 나는 수업에 들어가도 한쪽에 고개를 숙이고 책만 들여다보는 가영이를 보면서 무엇을 먼저 해야 하는지 하나님께 질문 했다. 어차피 수능 한 달 전 쯤에는 아이들에게 대한 답장 겸 전도겸, 기도 엽서를 한 장씩 쓰려고 했다. 그런데 가영이에 대해서는 너무 강권적인 힘이 나에게 엽서를 쓰도록 했다. 나는 가영이에게 예쁜 글씨로 편지를 썼다.

"가영아! 가을 하늘이 매우 높은 날이야. 네가 써준 기도요청문을 들고 매일 시간나는 대로 기도하고 있단다. 이제 50일 가량 남은 이 기간, 최선을 다해 노력하렴. 샘이 항시 기도하고 있단다. 가정에 어려운 일이 있어도, 또 현재 점수가 눈에 띄게 나오지 않는다하더라도 불안해하지 말고 열심히 하기를…. 하나님께서 너와 함께 하실 거야. 힘들다고 느껴질 때 기도해보면 좋을 거야. 평안함이 느껴질테니까. 꼭 예수님을 만나는 기회가 있기를 기도하고 있어. 그리고 언제 한번 만나서 이야기 나누자꾸나. 항시 널 위해 기도할게.

주님! 가영이를 축복하셔서 힘든 고3 생활 지켜주시고 그 앞길도 책임져주시옵소서. 가정에도 주님의 사랑을 심어주시고 무엇보다 가영이가 졸업하기 전에 예수님을 만날 수 있도록 축복해주세요. 건강관리, 시간관리 잘 할 수 있도록 지혜주시고, 대학에도 합격의 기쁨 허락하시옵소서. 가영이와 항시 함께 하실 줄 믿습니다. 아멘!"

최고의 추석 선물

쉬는 시간 교실에 들어갔더니 가영이가 보이지 않았다. 그래서 책상 위에 엽서를 올려 놓고 왔다.

그리고 며칠이 지났다.

정해진 예배 시간, 추석 연휴가 시작되는 토요일이다. 기독학생들과 예배를 드리고 있는데 진동으로 바꾸어 놓은 전화에 문자가 들어왔다.

"편지 놓고 가는데 그 방이 맞는지 모르겠어요. 지하에서 샘 소리가 나긴 했는데 그냥 문틈에 놓고 갈게요. 1004"

학교에서 혼자 사용하고 있는 기록보존실. 그 앞에 편지를 놓아두고 간다는 메시지였다. 예배를 마치고 올라오니 기록보존실 앞에 쪽지 편지와 음료수가 놓여 있었다. 그 편지를 들고 방에 들어가 읽기 시작했다.

"영훈고등학교 울보선생님 보셔요.

엽서 정말 감사합니다. 제가 먼저 드렸어야 하는건데 순서가 바뀐 것 같아서 정말 죄송해요. 그래도 선생님으로부터 엽서 받아 본 것은 처음이라서 감동감동 초감동!!!

대한민국 국민들의 대이동일인 추석 즐겁게 보내시구요. 그런 의미로 선생님께 선물 하나 드릴게요. 왠지 이런 말 꺼내기가 정말 쑥스럽고 머뭇거려지지만요. 제가 2004년 9월 18일부터 주님을 믿기로 결정했거든요. 이렇게 주님을 믿게 되기까지는 여러 가지 우여곡절이 있었지만 편지글로 알려드리기에는 좀 무리인 것 같아요.

저는 그 날 진심으로 '기도' 라는 것도 해봤구요. 우리 학교 올보선생님도 자꾸 떠오르며 왜 기도하시는지 이해하게 되었구요. 기도 중에 갑자기 눈에서 뭔가 주욱 흐르더라구요. 왜일까요?

하지만 이렇게 믿음이 생겼다고 해도 교회는 쉽게 나가지 못해요. 저희 집이 종교가 있는 것은 아니지만 무당이나 조상님들 그런 걸 더 마음에 두고 계시거든요. 그래서 집에서는 성경이나 기도 같은 건 꿈도 못 꾸죠. 그렇지만 저는 꿋꿋하게 버틸려구요. 요즘엔 부적도 엄마 몰래 빼놓고 다녀요. 걸릴 뻔한 적도 있어서 조마조마하지만….

선생님! 어때요? 이런 것이 선생님께 선물이 될 수 있을까요?

선생님! 추석 즐겁게 잘 보내셔요."

기쁨으로 나아가며

가영이의 눈에서 눈물이 "주욱" 흘렀다면 내 눈에서는 그보다 많은 양의 눈물이 "좌악" 흘러내리고 있었다.

그렇다. 최고의 추석 선물! 나는 어느 누구와도 비교할 수 없는 최고의 추석 선물을 받은 것이다. 인도하신 하나님께 감사하지 않을 수가 없었다.

섣불리 얘기조차 꺼내지 못하고 기도하고 있을 때, 이미 하나님께서는 가영이의 마음을 움직이고 있었다. 전적으로 하나님께서 하신 일이었다. 나는 그저 생각날 때마다 기도하는 것밖에 없었고, 하나님이 주시는 마음으로 가영이에게 엽서를 썼던 것이다.

가영이가 그 엽서를 받아들고 얼마나 기뻐했는지 그림이 그려질 정도로 상상이 되었다.

이제 가영이가 예수님께 잘 나가도록 인도하는 책임이 나에게 부여되었다. 그리고 기도하는 가운데 교회로 인도하게 하시는 하나님의 섭리를 파악하고 권면해야 하겠다. 가영이를 축복하시고 그래서 그 가정을 구원하기로 작정하신 하나님께 모든 영광을 올려드릴 뿐이다.

# 고난주간 40명의 영접기도

고난주간을 지나며

　고난주간을 지나고 있다. 교회마다 특별 새벽기도회 등의 여러 집회를 통하여 기도하며 나아가고 있는 이 때, 영훈고 기독학생들도 아침 작정기도회로 나아가고 있다. 근 7년을 수업 시작하기 전에 기도하게 하시고, 금년에는 학급 큐티까지 허락하셔서 내가 수업하는 200명을 말씀으로 인도케 하시는 하나님께 참으로 감사한다. 고3의 특성과 더불어 힘들어하고 지쳐 있는 아이들에게 잠깐 동안의 하나님 말씀은 살아계셔서 아이들을 위로하고 격려하고 계셨다.

　더욱이 하나님께서는 지혜를 주셔서 기도 제목을 적도록 종이를 나누어 주고 걷은 후에 한 명씩 이름을 부르며 기도하게 하시는 하나님의 철저하고도 자상하신 인도하심에 감사를 드렸다. 그러나 이 모든 것의 귀결점은 결국 우리 아이들이 예수님을 영접하고 교회로 나아가며 하나님을 알고 영광을 올려드리는 삶일 것이다. 한 명 한 명을 놓고 눈물로 기도하는 가운데 하나님께서는 금년의 고난 주간과 부활절이 매우 좋은 기회라는 생각을 주셨다.

감동과 눈물을 주시며

어차피 기도하며 큐티하며 만나는 아이들에게 복음의 메시지를 정확히 전할 수 있는 여건은 주어져 있고, 다만 필요한 지혜와 적절한 기회, 하나님께서 원하시는 상황 등을 포착하여 순종하는 것이 필요했다. 기도 제목을 걸으며 기도하며 나아가는 2주 동안 아이들과 나는 하나의 생각을 품고 있었다. 전적으로 하나님께 매달리는 것이 필요하다는 것. 그리고 나도 강조했다.

"애들아, 많이 힘들지? 선생님이 너희를 위해 기도하고 있으니까 힘내렴. 그런데 애들아! 사실 선생님의 기도도 기도지만 하나님께서는 너희들의 입술에서 나오는 기도 소리를 기다리고 계신다는 생각이 많이 들어. 그러니까 선생님의 기도만으로는 부족하다는 거야. 어떠니? 애들아. 우리 더 많이 기도하자."

아이들은 고3기도회로 몰려들었고 울면서 기도하기 시작했다. 참으로 감사하고 놀라운 것은 저녁 식사 시간을 잘라서 오는 이 아이들에게 성령께서는 참 많은 감동과 눈물을 허락하고 계신다는 사실이었다. 하나님께서는 우리 영훈고의 학생들을 축복하시기로 작정하고 계셨던 것이다.

모두에게 복음을

아침기도회를 하는 가운데 하나님께서는 강한 마음을 주셨다.
"네가 맡고 있는 학급 모두에게 복음을 전하라"는 음성이었다. 하나님께서는 바로 내가 맡고 있는 3학년 2반 아이들에게 이번 고난주간을 통하여 먼저 영접기도를 시키라는 것이었다. 나는 이것저것 살필 필요도 없었다. 하나님께서 원하시는 것이라면 우선 순종하는 것이 필요하기에, 그리고 기도하는 시간에 주신 음성은 분명한 것이기에 확신을 가지고 나아가면 되는 것이었다. 다만 적당한 시간이 언제인지를 놓고 기도했다. 하나님께서 원하시는 때가 언제인지를 말이다. 하나님께서는 성금요일 고난의 날 하루 전으로 마음을 주시며 화답하셨다.

다음 날 4영리를 준비하였다. 그리고 우리 아이들에게 성령의 만지심이 있기를 기도하며 교실에 들어섰다. 아침마다 느끼는 것이지만 우리 아이들은 신선하다. 공부하느라고 지쳐 엎드려 있어도 그 등에서 나오는 강인한 열기가 느껴진다. 그것은 엎드려 있는 모습이 아니라, 역동적으로 살아갈 아이들의 미래가 보이기 때문이다.

"여러분! 오늘은 좋은 친구를 소개하려 합니다. 오늘이 바로 예수님께서 십자가에 박혀 돌아가신 날이랍니다. 그리고 모레는 다시 사신 부활절이구요."

이렇게 시작한 고난주간의 이야기와 예수님께서 십자가에 박히시면서까지 행하신 그 사랑에 초점을 맞추며 복음을 전했다. 이어서 4영리를 한 장씩 나누어주고 1원리부터 읽어가며 설명을 했다. 물론 아이들에게는 설명이었지만 내 마음속에서는 간절한 기도가 되풀이 되었다. 성령께서 주관하시지 않으면 내가 아무리 해도 안 되기 때문이었다. 아이들은 하나가 된 듯 입을 맞추어 읽었고 나를 바라보는 눈빛이 강렬했다. 드디어 4원리까지 설명하고 예수님 영접기도를 할 순서가 되었다.

40명의 영접기도

"여러분! 여러분은 지금 좋은 친구이며 우리의 구원자이신 예수님을 마음으로 맞아들일 수가 있습니다. 선생님은 지금 그 분을 소개하는 겁니다. 이 기도를 함께 하시고 기도하시면 곧 예수님께서 여러분의 마음속에 거하시는 겁니다. 마음을 편안히 갖고 함께 기도하면 좋겠습니다."

아이들은 내 말이 끝남과 동시에 영접기도를 하기 시작했다.

"주님! 저는 주님을 믿고 싶습니다. 주님이 저를 위하여 십자가에 못 박히신 사실을 믿습니다."

아! 아이들의 얼굴을 살피니 단 한 사람도 빠짐없이 기도문을 읽고 있었고 얼굴이 사뭇 진지했다. 내 눈에서는 감사의 눈물이 핑 돌았다. 성령님께서 우리 아이들을 축복하시고 예수님께서 확실히 만나주신다는 확신이 왔다. 불교집안이라고 하는 민호도, 재욱이도 입을 벌려 영접기도를 하고 있었다. 이 얼마나 감격적이고 감사한 일인지. 이럴 때면 나는 기도하는 교사라는 사실이 정말 감사하다. 특히 기독교학교가 아닌 영훈고에서 기도하게 하셔서 더욱 감사하다.

하나님께서는 크신 은혜를 더하여 주셨다. 영접기도를 마친 후 나는 눈물이 가득 한 눈으로 아이들에게 말했다.

"애들아! 축하해. 너희들은 이제 완전한 하나님의 사람이야. 열심히 기도하며 공부하렴. 그러면 너희들을 하나님께서 마음껏 축복해 주실 거야."

말을 잇지 못할 정도의 감격이 있었다. 새롭게 살아나는 기쁨을 주시는 하나님의 은혜가 감사했다. 아이들도 새로운 마음이 드는 듯 무척 기뻐했다. 아이들의 마음과 그 변화는 다음 날 모둠일기에서부터 드러나기 시작했다.

모둠일기에 쓴 아이들의 마음

4월 13일 목요일 석일이의 모둠일기다.

"오늘부터 야자 시작이다. 오랜만에 해보는 야자. 은근히 좋아진다. 하지만 분명히 하기 싫어지는 날도 올 것이다. 그럴 땐 어떻게 유혹을 뿌리쳐야 할까? 요즘은 정말 행복과 불행을 동시에 겪고 있는 시기다. 집에서는 자꾸 엄마와 트러블이 생긴다. 집에 있기 싫을 정도다. 하지만 학교에 와서 친구들과 수다 떨면서 웃음을 보충한다. 항상 웃고 싶은데….

오늘 선생님이 예수님에 대한 이야기를 하셨다. 뭔가 느껴졌다. 난 몇 년 전 어느 때부턴가 내 마음속에 하나님을 모시고 있었기 때문이다. 진정 교회인은 아니었지만 불행한 일이 있거나 슬픈 일, 소망하는 일이 있을 때면 정말 마음속의 하나님께 기도를 해왔다. 그런데 그럴 때마다 이루어지는 일이 7:3, 많게는 8:2 정도로 이루어졌다. 그래서 이루어질 때마다 하나님을 믿는 신뢰가 커졌고, 지금까지도 나는 내 마음속에 하나님이 계신다고 믿는다. 다들 믿어보아라, 분명 도와주시리라."

이 글 밑에는 누가 써놓았는지는 모르지만 짤막하게 리플이 달려 있었다.

"믿습니다!!"

또 한명, 돈진이의 모둠일기 중 한 부분이다.

"요즘 들어 하나님을 믿어 보고 싶다는 생각이 듭니다. 절보다야 낫지 않나 하는 생각이 들어요. 우연이랄까 필연이랄까 좋은 담임선생님을 만난 것이 정말 운입니다. 저는 나중에 로봇뿐만이 아니라 감동도 흘러나오고 모두가 배꼽 잡을 수 있는 수준의 애니메이션을 만들겁니다. 선생님이 기도 많이 해주셨으면 좋겠습니다. 선생님이 돈 많이 모으셔서 학교를 세우고, 교회나 성당 모양의 학교가 만들어지면 굿이겠네요. 오늘 영접한 것 재미있었던 것 같아요. 왠지 그냥…."

믿음이 없는 아이들이었지만 영접기도를 통하여 예수님께서 이미 만나주신 줄 믿는다. 내용도 잘 알지 못하고 표현도 잘 하지 못하는 아이들의 가슴속에 풍성한 은혜를 부어주신 하나님께 감사를 드릴 뿐이다. 그러나 하나님께서 허락하신 영접기도를 통한 감동은 여기에서 멈추지 않았다.

문자를 주고 받으며

저녁, 집으로 가는 차 안에서 문자를 받았다.
"선생님 오늘 이상하게도 자율학습 분위기가 좋아요."
나는 차를 잠시 세우고 답문자를 보냈다. 요즘 아이들은 즉시 답변을 보내지 않으면 씹혔다고(거절당했다고) 생각하기 때문이다.
"그래, 열심히 공부하렴. 그런데 누구지?"
보낸 사람이 이름을 밝히지 않았기에 물어본 것이다. 바로 문자 답장이 또 들어왔다. 그 다음의 대화이다.
"예수님께서 저희들을 지켜보고 계시는 걸까요? 저 동현이요."
"그럼, 하나님께서 너를 특별히 사랑하시는 것 같구나. 축하해."
"실은 야자 시작하기 전에 기도를 했어요. 하나님 오늘 공부 좀 열심히 하게 도와주세요라구요."
내 눈에서는 또 왈칵 눈물이 쏟아졌다. 동현이의 집안은 전통적인 불교 집안의 아이였기에 그러했다. 우리 반 6명의 불교 집안 아이들을 한 명씩 하나님께서 만져주시고 계신 것 아닌가. 나는 즉시 답장을 보냈다.
"잘했다. 하나님께서 그 기도에 바로 응답하신거야. 축하해. 꼭 기도하고 공부하렴. 알았지? 가족을 위해서도 기도하고…."
"네 선생님. 저도 이제 신앙심이 생긴 것 같아요."
"아멘! 할렐루야!"
잠시 차 안에서 기도했다. 하나님께서 동현이를 끝까지 붙잡으시고 하나님의 귀한 아들로 축복하시기를 기도했다. 2006년 고난주간과 성금요일, 그리고 부활절을 맞이하는 즈음에 하나님께서는 무척이나 큰 기쁨을 허락해주셨다.

눈물어린 제자의 기도

고3기도회의 은혜

대입 수능을 한 달가량 앞 둔 금요일 고3기도회.

학교의 공사 관계로 예배실을 사용하기가 어렵게 된 2학기였다. 그러나 장소가 없다고 해서 하나님께서 허락하신 활동들을 중단할 수는 없었다. 결국 내가 담임을 맡고 있는 3학년 2반 교실에서 방과 후에 고3기도회를 하고 있던 중이었다.

우리 아이들이 모여 말씀과 기도, 찬양을 하며 나아가면 하나님께서는 무조건 기뻐하신다는 것을 보여주신다. 아이들은 그 30분가량의 짧은 저녁 기도회 시간에 하나님께서 허락하시는 감동과 격려를 통하여 힘을 얻고 있었다. 서로를 격려하며 하나님을 만나는 시간을 가질 수 있었다.

매주 빵과 음료수를 준비하고 쉬는 시간에 각 반을 돌아다니며 고

3기도회를 홍보하는 수고가 있으면서도 내가 피곤치 않은 것은 하나님께서 주시는 이러한 감동과 격려가 비단 우리 아이들에게만 가는 것이 아니라, 동일한 은혜로 나를 축복하고 계시기 때문이다.

제자 민영이

민영이는 불교 집안의 장손이다. 이 아이는 철저한 불교적 색채를 띠던 아이였는데 금년에 내가 전도해서 영접기도를 하였다. 그러나 아직 교회에는 나가지 못하고 있다. 가정에서의 허락이 안 돼서인데 그럼에도 불구하고 학교에서의 고3기도회에는 지속적으로 나오고 있는 아이다.

"선생님, 죄송해요. 수능이 끝나면 교회에 나갈 수 있을 거예요. 아직은 좀 어려워요."

나는 웃으며 말했다.

"그래, 하나님께서도 네 마음을 잘 아시고 계신단다. 선생님도 물론이구. 학교에서 이렇게 기도하는 것만도 얼마나 감사하니? 그치?"

이렇게 생활하며 오던 중이었다.

금요일, 눈물의 고3기도회를 마치고 키보드를 정리하던 중이었다. 갑자기 민영이가 어색하게 나에게 다가왔다. 평소의 성격을 생각하면 이렇게 머뭇거리는 것이 어울리지 않는 듯한 모습이어 순간 의아했다.

민영이는 이렇게 말했다.

"선생님, 잠깐 옆 교실로 가요."

나는 순간 의아해 하면서도 민영이의 손에 이끌려 이미 불이 꺼져 어둑한 옆 교실로 이끌려 갔다. 석양빛이 교실로 녹아들어서 그리 컴컴하지는 않았다. 어쩌면 스승과 제자가 이야기를 나누는 이러한 분위기가 아름답다는 생각마저 들었다.

제가 기도하고 싶어요

민영이는 왠지 모를 감동의 빛을 하고 있었다. 그리고 조용히 말했다.

"선생님, 의자에 앉으세요. 제가…."

나는 의자에 앉으며 민영이의 얼굴을 주시했다. 민영이는 말을 이었다.

"선생님, 제가 잘하진 못하지만 오늘은 선생님을 위해 기도해 드리고 싶어서요."

내 얼굴이 밝아졌다.

"기도? 좋지. 그런데 왜 그런 마음이 생겼니?"

"선생님께서 항상 저희를 위해 기도해주시고 또 신경써주시고 감사해서요. 선생님, 수능 끝나면 꼭 교회에 갈게요. 약속해요."

"하하하, 그래. 선생님하고 먼저 한 번 같이 가자. 정말 기쁜 걸."

민영이는 내 두 손을 꼭 잡았다.

그 순간 내 가슴 속에는 감동이, 눈에서는 눈물이 나오기 시작했다.

민영이는 마주 앉아서 기도하기 시작했다.

"하나님, 지금 우리 선생님을 위해 기도합니다. 우리 선생님을 축복하시고 또 힘을 불어넣어 주시기를 기도합니다. 우리 선생님 정말 우리를 위해 언제나 기도해주시는데 건강으로 지켜주시고, 또 새롭게 대학원에서 공부도 하시는데 수석만 하게 해주시고, 가정도 지켜 주시고, 아프지 않게 해주시고…."

나의 눈에서 눈물이 쏟아지고 있었다.

항상 그렇지만 기도는 감동이다. 특히 이러한 순간은 더욱 그러하다. 예수님을 모르던 민영이가 이렇게 훌륭하게 선생님을 붙잡고 축복하며 기도한다는 사실은 기적이라는 말 밖에는 표현할 길이 없다. 그러나 더 좋은 표현은 은혜이리라. 하나님의 은혜. 하나님께서는 민영이와 나에게 은혜를 더하고 계셨다.

눈물어린 제자의 기도

민영이의 기도가 순간 끊어졌다.

민영이 또한 나처럼 울고 있었던 것이다. 스스로 감격하고 있었던 것이다. 선생님을 위해 기도한다는 사실에 감동하고 또 자신이 기도할 수 있다는 사실에 감사하고 하나님이 은혜를 주신다는 것에 감격한 것이리라.

기도를 마쳤을 때 우리는 잠시 눈물이 얼룩진 눈으로 마주 보았다. 누가 먼저랄 것도 없이 우리는 서로를 끌어안았다.

"민영아! 정말 고마워, 선생님 너무 행복하다. 네가 기도를 이렇게 잘하는 사람이 되었다니…."

"어휴, 아녜요. 선생님. 창피해요."

"아냐, 하나님께서 너를 정말 귀하게 사용하실 거야. 네 가정도 너로 인해서 하나님의 복을 누리는 가정이 될 것이고."

"네, 선생님. 감사합니다."

석양은 5층 유리창 너머로 이미 기울어 있었고 늦가을 바람만 우리를 휘감고 있었다. 마치 하나님의 부드러운 음성처럼 따뜻한 손길처럼….

1700명의 이름을 부르며

어쩌면 좋은가

최근 몇 년 동안 학교 현장에서는 여러 일들이 있었다.

급식 사건이나 교복 사건, 교사, 학부모, 학생 폭력 사건 등의 사건뿐만이 아니라, 인터넷 중독으로 쓰러져 죽은 학생, 한강에서 자살을 기도한 학생, 홧김에 칼로 형을 찔러 죽인 동생, 몇 차례나 약을 먹고 자살을 기도한 학생 사건 등등 참 여러 가지 안 좋은 일들이 교육계를 지배했다.

학교를 위한 기도는 계속 하고 있는데 상황과 여건은 더 좋아지지 않고, 교사 중에는 학교를 단순 직장 정도로 생각하는 분들도 있었다. 그도 그럴 것이 많은 사람들이 현재의 상태를 진단할 때 문제점이 있다는 것은 모두 인정하고 열변을 토하며 이야기하지만, 정작 그 해결책이나 대안을 제시하는 데는 함구하고 있었다. 현실의 문제가 너무 크기에 달리 뾰족한 방안도 별로 없는 듯 했다.

아침 기도의 감동

아침 7시를 전후해 학교에 도착하면 가장 먼저 지하 예배실에 가서 기도를 한다.

학교를 놓고, 가정과 나라 민족, 북한과 세계를 놓고 기도하고 학교 안의 믿음의 선생님들과 학생들을 위해 기도한다. 예수그리스도의 향기가 학교 안에 가득하게 해달라고, 마지막으로 나를 놓고 기도한다. 하나님께서 긍휼히 여기시고 삶뿐만이 아니라 죽음까지도 사용해달라고 말이다.

2000년부터 시작된 이 아침기도는 때로는 기독학생들과 하기도 하고, 그 아이들이 여의치 않으면 나 혼자 시간과 자리를 지켜왔다. 그렇게 내가 기도를 해야만 한 것은 하나님의 강력한 명령 때문이었다.

"학교를 위해 기도하라."

무엇보다 기도로 하루를 시작한다는 것은 힘든 현실에서 기도하는 사람에게 꼭 있어야 할 필수적 사항이다. 아침에 기도를 할 때마다 하나님께서는 항상 큰 감동을 주곤 하셨다. 학교를 위해 기도할 때 눈물을 주시고 나라를 위해 기도할 때 위로와 평강을 주셨다. 앞으로 더 기도하며 나아가길 소망하며 여기까지 오게 하신 하나님께 감사를 드릴 뿐이다.

이름을 불러라

봄비가 대지에 흩뿌리는 5월 첫 주, 나는 평소처럼 기도를 하러 지하로 내려갔다. 자리에 앉아 고개를 숙이는 순간 하나님의 음성이 내 귀에 들려왔다.

"더욱 기도하라. 영훈고 교사, 학생 한 명씩 이름을 부르며 기도하라."

이 음성을 듣는 순간 나의 눈에서는 쉴 새 없이 눈물이 쏟아져 내렸다. 그 때까지는 뭉뚱그려 선생님들과 학생들을 위해 기도했고, 꼭 필요한 선생님들과 학생들만 이름을 부르며 기도했었는데, 하나님의 음성은 영훈고 학생 1600명과 교사 100명의 이름을 놓고 이름을 불러가며 기도하라는 것이었다.

하나님의 마음이 내 가슴속에 진하게 전달되어 올 때 나는 큰 감동과 감사로 가득 차 있었다. 구체적인 방법을 알려주시는 하나님께 감사를 드리지 않을 수 없었다.

학교가 하나님의 학교가 되는 것은 외형적으로 기독교학교가 되는 것처럼 보이지만, 사실 근본적인 것은 영혼의 구원이며 회복이다. 그러므로 기독교학교가 되는 것도 결국은 영혼 구원을 위한 목적의 한 방편일 뿐이다. 그렇다면 현재 영훈고에 다니고 있는 학생, 교사들의 명단을 앞에 놓고 그들의 영접과 구원, 하나님의 은혜와 인도하심을 구하며 기도해야 한다는 음성이었다.

말씀에 순종하며

비행청소년, 폭력교사, 충동적 장애 등에 해당하는 사람들이 따로 있는 것이 아니라 누구나 해당될 수 있는 일이라는 것을 깨닫게 하셨다. 하나님의 음성이 들려 올 때면 이것저것 따질 필요는 없다. 나는 즉각적으로 학생들과 교사들의 명단을 정리하였고, 각각 그 이름을 부르며 기도에 들어갔다.

1700명을 위한 기도를 시작한 첫 날의 감동을 잊을 수 없다. 1학년 1반부터 이름을 불러가며 기도하던 중 3반과 4반을 기도하는데 그렇게 많은 눈물을 쏟게 하시는 것이었다. 몇 학생의 이름에서 한동안 기도하게 하시는 하나님의 뜻이 있으리라 믿으며 기도했다.

"하나님, 이 아이를 꼭 만나주십시오, 혹시 교회를 잘 나가는 아이라면 이 시대의 하나님의 일꾼 되게 키워주십시오. 혹시 자살을 생각하거나 극단적인 상황에 있는 아이라면 막아주십시오. 영적으로 육적으로 가정도 살려주십시오."

대체로 기도의 내용은 이러했다. 나에게는 철저히 성령님의 인도하심을 구하는 것이 필요했다. 모든 학생들의 얼굴을 다 아는 것도 아니고 또 어떤 여건인지도 모르지만 하나님께서는 다 아시기에 내가 진실로 기도하면 하나님께서 모두 알아서 해주시리라는 믿음이 있었다.

기도의 사람은

학원의 복음화는 선택 사항이 아니다. 그래서 지치지 않고 기도하며 하나님의 지혜를 구하며 한 걸음씩 나아가야 한다. 하나님께서는 기도하기를 원하신다. 기도할 때 하나님께서 일을 진행하신다.

기도하면 모든 일이 이루어진다. 하나님의 뜻에 합당한 기도를 드릴 때 그렇다는 것이다. 그런데 우리는 믿음의 나약함과 하나님보다 앞서는 생각으로 하나님이 원하시는 기도를 하는 척 하고, 사람인 내가 발버둥을 치는 모습을 많이 보게 된다.

무엇보다 기도하는 것이 우선이다. 기도하는 중에 하나님이 들려주시는 음성에 순종할 때 일들이 진행 될 수 있는 것이다.

내가 목적을 정하고 설계도를 세워 진행하며, 하나님께서 잘 되게 해달라고 기도하는 것은 순서가 바뀐 것이다. 그것은 자기의 생각과 목적을 위해 하나님을 사용하는 것 밖에 되지 않는다.

막힌 담이 있다면 우선순위의 문제를 생각해야 한다. 답답한 무엇인가가 있다면 내가 얼마나 간절히 하나님의 음성을 들으며 가고 있는가를 생각해야 한다.

하나님의 일은 믿음으로 이루어지는 것이다. 기도로 진행되는 것이다. 내가 아니라 하나님이 영광을 받기 위해서 하나님께서 직접 나를 통해 하시는 것이기 때문이다.

기독학생들과 함께

영훈고 기독학생들의 토요 예배 때 나는 느헤미야 1장 말씀을 준비했다.

"예루살렘이 훼파된 상황은 지금의 현재 학교들의 모습입니다. 우리 학교도 예외는 아닐 것입니다. 그 안에 느헤미야 같은 기도의 사람을 하나님께서 심어주셨는데, 그것이 바로 저와 여러분입니다."

아이들은 이 말을 들으며 눈물을 쏟고 있었다.

사명자!

사명자는 기도하는 사람을 말한다. 기도하지 않는 사람은 명예, 직업, 권위 등과 관계없이 더 이상 사명자라 할 수 없다. 하나님께서는 이 나라의 학교 현장에 기도하는 교사와 기독학생들을 이 시대의 느헤미야로 심어주셨다. 그래서 울고, 슬퍼하며, 금식하며, 기도하기를 (느 1:4) 원하고 계신다. 느헤미야를 통해 무너진 성벽을 재건케 하셨듯이, 이 시대의 느헤미야인 학교 현장의 교사와 학생들을 통해 교육 현장을 새롭게 하시기를 원하고 계신다.

"여러분! 그래서 선생님이 먼저 영훈고의 1700명의 이름을 부르며 기도에 들어갔습니다. 매일 아침 그렇게 기도하고 있습니다. 여러분들도 함께 기도하기를 바랍니다."

나는 미리 준비한 학생들의 명단을 두세 반씩 기독학생들에게 나누어주었다. 아이들은 그 진지한 분위기에서도 제비뽑기로 각 반의 명단을 나누어 가졌다.

"이제 여러분들은 자기가 맡은 학급을 위해 사흘씩 기도하기를 바랍니다. 그리고 나흘 째되는 날 다른 친구와 바꾸고 기도한 사람의 이름은 명단 위에 표기를 해주면 됩니다."

아이들은 고개를 끄덕이며 듣고 있었다. 기도하는 가운데 구체적으로 지혜를 주시고 그것에 즉각 순종하면 하나님께서는 큰 은혜를 부어주신다. 아이들도 그러했다. 눈동자에는 자기의 학급과 담임선생님, 그리고 학교를 위해 기도해야 한다는 열정이 배어나고 있었다.

눈물의 기도

나는 아이들과 같이 기도했다. 그 명단을 앞에 놓고 기도했다. 아이들은 자기도 모르는 아이들의 이름을 부르며 주님 꼭 만나달라고 부르짖으며 기도했다. 나는 무릎을 꿇었다. 기도하게 하시는 하나님께 너무 감사해서, 우리 아이들의 입술을 열어 기도하게 하시는 것이 너무 감사해서, 그리고 무너진 성벽을 재건케 하시는 하나님의 음성을 듣게 하신 것이 너무 감사하고 우리의 기도를 들으시며 하나님의 뜻을 이루실 것에 확신을 가지며 기뻐했다.

기도는 계속되었다. 아이들과 나는 눈물의 감동을 맛보고 있었고, 눈물의 씨앗을 뿌린 아이들의 얼굴은 유난히 빛이 났다.

예배를 마치고 식사를 하는 자리에서 아이들은 말했다.

"선생님, 정말 감사해요. 색다른 체험이었어요."

"근데, 선생님. 알지도 못하는 애들 이름 보고 기도하는데, 왜 눈물이 나죠?"

선생님, 부디 기도해주세요

그리고 다음날 밤, 나는 한 통의 메일을 받았다. 메일의 내용은 다음과 같다.

안녕하세요, 선생님.
전 영훈고 여학생입니다. 이름을 밝히지 않는 것에 대해서 용서해주세요.
선생님, 기도해주세요.
저희 아빠는 저와 엄마, 그리고 남동생에게 하루도 빠짐없이 심한 욕을 하세요.
제가 가장 예전 것을 기억하는 때부터 지금까지 계속….

아빠가 하시는 일이 공사장에서 힘들게 진행되는 일이라서 하루하루가 힘드시고 피곤하실 거라는 건 잘 알고 있어요. 그리고 그것이 아빠의 진심이 아니라는 것도 잘 압니다.
그래도 제가 지금은 좀 많이 자라서인지 예전처럼 울거나 하지는 않습니다만, 아직 어린 남동생과 평생을 그런 말을 듣고 살아오신 엄마를 보니까 지금부터라도 이렇게 살면 안 되겠다는 생각이 들었어요. 그래서 오늘 아빠께 말씀드렸습니다. 그러지 마시라구요. 그런데 아빠는 어린 딸한테 그런 말을 듣는 것이 기분이 나쁘셨나봐요. 도리어 더 욕을 듣고 말았습니다. 이것이 제가 선생님께 메일을 드려야겠다는 결심을 한 계기입니다. 제 얼굴을 보며 식사하시면 속에서 올라

올 것 같다고 그러셨어요. 울지는 않았지만, 그리고 그게 진심이 아니라는 것은 알지만 마음에 상처가 되는 건 어쩔 수가 없습니다.

저도 예수님께 많이 기도를 드렸는데요. 제 정성과 성의가 부족해서인지 아직 도와주시지 않으시네요. 그러니까 선생님도 저와 같이 기도 드려주세요.

이제 앞으로는 우리 아빠가 겉으로 마음속의 진심을 표현할 수 있도록 하나님 아버지 도와주세요.
그리고 이제 날이 더워지는데 아빠 일하시는 곳에서 많이 힘들지 않도록 도와주시고, 부디부디 사고 나지 않게 하나님 아버지 잘 지켜주세요.
그리고 우리 엄마, 하시는 음식점 잘 되게 해주세요.
더 이상 고생 안하시게 제발 도와주세요.
몸도 더 이상 안 아프게 해주세요.
동생도 아빠와 더 가까워 질 수 있게 해주세요.
하나님 아버지 도와주세요.
예수님의 이름으로 기도드립니다. 아멘.

저는 아빠를 미워하지 않습니다. 아빠를 사랑하구요.
그리고, 선생님 감사합니다.

더욱 기도하며

몇 번에 걸쳐 아이가 보내온 메일을 읽고 또 읽었다. 자연스럽게 기도가 입에서 나왔다. 하나님께서 나에게 영훈고 전교생을 위해 기도하게 하시며, 하나님의 방법으로 이 여학생의 마음을 움직여 주시고, 또 연결시켜 주신 은혜에 감사하며 기도했다. 아빠, 엄마와 동생, 이 가정을 위해서도 기도했다.

하나님께서 이 여학생에게 더욱 힘을 주시고 아빠를 위해 기도하는 딸이 되게 하시며, 이 가정을 온전한 하나님의 가정으로 변화시켜 주실 줄 믿는다. 아빠를 꼭 만나주셔서 입에서 나오는 모든 말씀이 욕이 아니라 축복과 격려 위로의 말씀이 되게 하실 줄 믿는다.

닫는 이야기

'울보선생' '울보제자'가 되어

저는 고등학교 1학년 때 학교 근처에 있는 교회에 처음으로 나갔습니다. 전통적인 저희 가정에서는 처음으로 신앙생활을 시작한 것입니다. 저를 인도했던 친구는 고교 동창생으로 장로님의 아들이었습니다. 함께 수련회도 가고, 교회 중창단, 성가대도 하였습니다. 그러나 그때 저는 믿음으로 성장하고 있던 것은 아니었습니다. 친구들과 함께하는 것과 색다른 체험이라는 의식이 강한 즐거운 놀이 공간 같은 곳이 바로 교회였습니다.

그러던 어느 날 저를 전도한 친구가 교회의 고등부 회장 형에게 얻어맞고 학교에 왔습니다. 얼굴에는 시퍼런 멍이 들어 있었습니다.

"세상에 교회에서 사람을 때리다니, 그것도 회장이라는 사람이…."

저의 상식으로는 도저히 용납될 수 없는 사실이었습니다. 화가 날

대로 난 저는 방과 후 고등부 전도사님께 달려가 따졌습니다.

"아니, 어떻게 교회에서 사람을 때립니까? 그것도 고등부 회장이라는 사람이… 저 이따위 교회 다시는 나오지 않겠습니다."

저를 붙잡는 전도사님의 손을 뿌리치며 교회를 뛰쳐나왔습니다. 그리고 몇 주 후 저는 광화문에 있는 좀 이상한 교회를 찾아갔고, 다시 뛰쳐나온 후 불교를 바탕으로 하고 있는 대학에 들어가 7년간 불교에 심취했습니다. 그러다 교사가 되었고, 근육병으로 20세 전에 죽는다는 문석이와 현욱이를 붙잡고 기도하는 교사로 거듭나게 되었습니다. 문석이와 현욱이는 하나님의 은혜로 병이 멈추었고 대학에도 진학했으며 현재 열심히 신앙생활을 하고 있습니다. 저는 죽어가는 두 제자를 통해 이십여 년의 긴 종교적 방황을 마감하고 하나님의 일꾼으로 거듭날 수 있었습니다.

제 눈에는 눈물이 마를 새가 없습니다. 안경을 쓰고 쌍꺼풀이 없던 제가, 울며 기도하던 중 안경을 벗어버렸고, 짙은 쌍꺼풀도 생겼습니다. 그리고 아이들을 붙잡고 매일 기도하는 생활이 계속될수록 뇌리에서 떠나지 않는 한 선생님이 계십니다.

홍순자 선생님.
긴 생머리의 노처녀, 제가 뛰쳐 나왔던 그 교회에서 저를 담당하셨던 선생님.
제가 교회를 떠난다는 소식을 듣고 당신의 집으로 저와 여러 친구들을 초대하셨습니다. 그리고 호소했습니다.

"관하야, 떠나지 마라. 우리 교회는 그래도 괜찮은 교회란다. 잘 견디고 신앙생활 잘 하자. 응?"

그러나 당시 관하라는 학생은 한사코 거부했습니다.

"싫어요, 선생님. 교회가 여기밖에 없나요? 그리고 사람 치는 교회가 교회인가요? 저 떠날랍니다."

눈물로 호소하다가 권면하다가 도저히 말을 듣지 않는 저에게 선생님은 울먹이며 이렇게 말씀하셨습니다.

"관하야. 할 수 없구나… 얘들아, 우리 관하를 위해 기도하자. 선생님이 기도할게."

아이들이 저를 붙잡도록 하고 선생님이 제 손을 잡으셨습니다. 그리고 울음 섞인 목소리로 기도하기 시작했습니다.

"하나님, 관하가 이 교회를 떠난다고 합니다. 관하가 교회는 떠나지만 하나님은 떠나지 않게 해주세요. 하나님의 큰 일꾼 되게 해 주세요."

선생님은 눈물로 그리고 진심으로 기도하셨습니다. 그러나 그 당시의 저는 그 기도가 지겹기만 했습니다.

시간이 지나 아이들을 붙잡고 기도하는 교사가 된 후로, 그 선생님의 모습과 눈물로 기도하는 목소리는 시간이 갈수록 더욱 또렷해집니다. 선생님의 그 한 번의 눈물의 기도가 잊혀지지 않고 저를 지탱하는 원동력이 되고 있습니다.

아이들의 마음을 훔쳐내는 노력은 기도로부터 시작됩니다. 한 영혼을 위해 갈급하게 구하는 홍선생님과 같은 사랑의 마음이 있는 소망은 사그러들지 않고 결실을 맺게 될 것입니다. 이 시대의 아이들의 마음이 활짝 열리길 소망합니다. 그 마음이 예수그리스도의 복음으로 무장되기를 기도합니다.

'마음 훔치기'는 서로의 노력을 동반합니다. 어른들과 아이들이 함께 서로의 마음을 공유할 때 이해와 성장, 그리고 열매가 따라올 것입니다. 관하라는 학생을 포기하지 않고 기도하며 하나님의 인도하심을 구했던 홍선생님과 같은 인내와 소망의 교사, 학부모, 기도하는 어른들이 넘치기를 소망합니다. 또한 우리 아이들이 여러 어려운 상황 속에서도 마음을 활짝 열고 글로벌 시대의 리더십으로 아름답게 성장하기를 기도합니다.

'마음 훔치기'를 끝맺으며 우리들의 이 마음이 세상에 생수의 강으로 흘러넘치기를 소망합니다. 그래서 눈빛만 보아도 얼굴만 보아도, 아니 공간상으로 떨어져 있어도 서로의 마음을 '훔치고 훔쳐질 수 있는' 관계가 되기를 소망합니다.